Duden

Martin Liepach

BESSER IN

Mathematik

7. KLASSE

GYMNASIUM

Dudenverlag
Berlin

Über den Autor:
Martin Liepach unterrichtet Mathematik an einem Gymnasium.

Bibliografische Information der Deutschen Nationalbibliothek
Die Deutsche Nationalbibliothek verzeichnet diese Publikation in der
Deutschen Nationalbibliografie; detaillierte bibliografische Daten
sind im Internet über http://dnb.dnb.de abrufbar.

Das Wort **Duden** ist für den Verlag Bibliographisches Institut GmbH als Marke geschützt.

2., überarbeitete Auflage
© Cornelsen Scriptor 2012; Nachdruck Duden 2020   F   E   D   C
Bibliographisches Institut GmbH
Mecklenburgische Straße 53, 14197 Berlin

Redaktionelle Leitung: Constanze Schöder
Redaktion: Dr. Matthias Delbrück
Illustrationen: Böcking-Gestaltung, Bochum
Herstellung: Annette Scheerer
Layoutkonzept: Horst Bachmann, Weinheim
Umschlaggestaltung: 2issue, München
Umschlagillustration: Shutterstock/bsd (Taschenrechner),
Shutterstock/lmichman (Muster)
Satz/Layout: Dagmar Lemme, Berlin
Druck und Bindung: AZ Druck und Datentechnik GmbH,
Heisinger Straße 16, 87437 Kempten
Printed in Germany

ISBN 978-3-411-87031-8

Inhaltsverzeichnis

Inhaltsverzeichnis

Liebe Schülerin, lieber Schüler,

dieser Band der Reihe „Besser in Mathematik" hilft dir, deine Kenntnisse im Fach Mathematik zu verbessern. Du kannst gezielt Stoff nachholen und wiederholen, um sicherer zu werden! Zu allen Bereichen des Mathematikunterrichts sind kleine Aufgaben angeboten, mit denen du selbstständig arbeiten kannst.

Die Schwerpunkte sind:

▷ Definitionen und Regeln kennen und anwenden,
▷ Aufgaben strukturieren und strategisch bearbeiten,
▷ Diagramme und Formeln erstellen und interpretieren,
▷ Zusammenhänge begründen und überprüfen.

Die Texte und die Aufgaben in diesem Buch sind so ausgewählt und zusammengestellt, dass dir die Bearbeitung möglichst leichtfällt.

TIPPS UND INFOS	Zum Arbeiten mit diesem Buch

▶ Lege dir ein **eigenes Arbeitsheft** zu, in das du schreibst.
▶ Bist du dir beim Lösen der Übungsaufgaben nicht ganz sicher, sieh dir die Beispiele noch einmal genau an.
▶ Vergleiche deine Ergebnisse mit denen im Lösungsheft.
  Überprüfe bei Fehlern immer genau, was du falsch gemacht hast. Verbessere Fehler.
▶ Am Ende eines jeden Kapitels kannst du in einem kleinen Test überprüfen, ob du den Stoff nun beherrschst. Wenn nicht, bearbeite die entsprechenden Aufgaben in einigen Tagen noch einmal.

Viel Spaß und Erfolg beim Lernen!

1.1 Zuordnungen

▷ Wissen, dass sich Zuordnungen in verschiedenen Formen darstellen lassen
▷ Punkte in ein Koordinatensystem eintragen

Nicht nur in der Mathematik, sondern auch im alltäglichen Leben spielen Größen eine wichtige Rolle. Die Beziehung zwischen zwei Größen kann man als Zuordnung auffassen. Kosten in einer Eisdiele 5 Kugeln Eis 4,00 €, so kann man diese Beziehung als Zuordnung zwischen der Anzahl der Kugeln und dem Preis beschreiben.

| DAS MUSST DU WISSEN | Darstellungen von Zuordnungen |

Zuordnungen können **a)** durch einen Text beschrieben oder durch **b)** Tabellen, **c)** Diagramme, **d)** Pfeile oder **e)** Graphen dargestellt werden.

a) **Darstellung als Text**
„In einer Eisdiele kosten 5 Kugeln Eis 4,00 €". Die Zuordnung „Anzahl der Eiskugeln" → „Preis in €" wird durch den Text beschrieben.

b) **Darstellung einer Zuordnung durch eine Tabelle**
Briefporto für einen Maxibrief innerhalb Europas: Die Zuordnung „Gewicht" → „Preis in €" wird durch eine Tabelle beschrieben.

Gewicht	Preis in €
bis 50 g	1,60
über 50 g bis 100 g	2,50
über 100 g bis 250 g	4,00
über 250 g bis 500 g	6,00
über 500 g bis 750 g	8,00
über 750 g bis 1 000 g	10,00

c) **Darstellung einer Zuordnung durch ein Diagramm**
Verteilung Jungen und Mädchen in der Klasse 7e
(13 Jungen und 17 Mädchen): Die Zuordnung
„Geschlecht" → „Anzahl der Schüler" wird durch
ein Diagramm beschrieben.

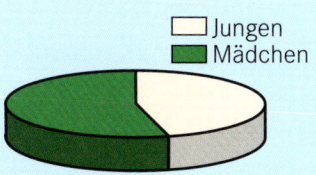

d) **Darstellung einer Zuordnung durch Pfeile**
Ergebnisse in der letzten Mathematikarbeit: Die Zuordnung „Schüler/in" →
„Note Schüler/in" wird durch ein Pfeil-
diagramm beschrieben.

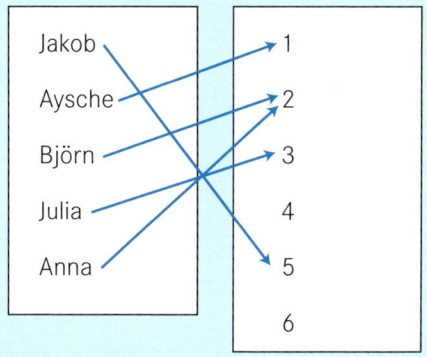

e) **Darstellung einer Zuordnung durch einen Graphen**
Die Zuordnung „Datum" → „Höchsttemperatur" wird durch einen Graphen
dargestellt.

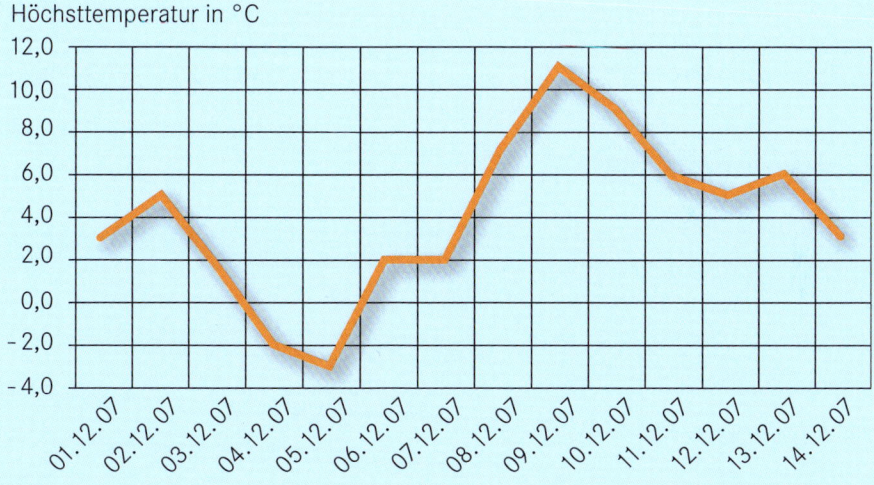

Hinweis: Zuordnungen beschreiben Abbildungen. Diese können eindeutig oder
mehrdeutig sein. Hierzu ein Beispiel: Jeder Schüler bzw. jede Schülerin einer Klasse
hat einen Geburtstag. Die Abbildung ist eindeutig. Umgekehrt können auch
Schüler/innen am gleichen Tag Geburtstag haben. Diese Abbildung ist mehrdeutig.

1 **Lies aus der Währungstabelle folgende Werte ab.**

Ist die Abbildung eindeutig oder mehrdeutig?

€	1	5	10	20	50
$	1,56	7,80	15,60	31,20	78,00

$	1	5	10	20	50
€	0,64	3,20	6,40	12,80	32,00

a) Wie viel US-Dollar erhält man für 6 Euro (15; 25; 56)?
b) Wie viel Euro erhält man für 6 US-Dollar (15; 25; 56)?

2 **Teiler natürlicher Zahlen.**

Notiere die Teiler der natürlichen Zahlen 15; 16; 23.
Lege eine Tabelle für die Zuordnung „natürliche Zahl" → „Anzahl der Teiler" an.

3 **Kehre die Zuordnungen der Beispiele a) bis e) von Seite 6 – 7 um.**

(Zum Beispiel: „Preis in €" → „Anzahl der Eiskugeln"). Welche der neuen Zuordnungen ist eindeutig, welche ist mehrdeutig? Begründe deine Antwort.

1.2 Proportionale Zuordnungen

DARUM GEHT ES

Es gibt verschiedene Zuordnungen, eine wichtige Zuordnung ist die **proportionale Zuordnung**. Hier lernst du, was eine proportionale Zuordnung ist, wie du sie erkennst, wie du damit rechnest und wie das zugehörige **Schaubild** aussieht.

Proportionale Zuordnungen unterliegen einer bestimmten Regel bezüglich ihrer Zuordnungsvorschrift. Schau dir dazu den folgenden Kasten genau an!

DAS MUSST DU WISSEN | **Proportionale Zuordnung**

Regel: Eine Zuordnung heißt proportionale Zuordnung, wenn dem doppelten (halben, dreifachen, n-fachen) Wert von x der doppelte (halbe, dreifache, n-fache) Wert von y zugeordnet wird.

BEISPIEL

In einer Eisdiele kostet 1 Kugel Eis 0,80 €. Wie viel kosten 3 Kugeln?

Anzahl Eiskugeln		Preis
1	→	0,80 €
× 3		× 3
3	→	2,40 €

Unter der Voraussetzung, dass es keinen Preisnachlass gibt, kosten 3 Kugeln 2,40 €.

---

1 Entscheide, welche Zuordnungen der Beispiele b) bis e) aus Abschnitt 1.1 (S. 6 – 7) proportional sind. Begründe deine Antwort.

2 Berechne für die proportionalen Zuordnungen die fehlenden Werte.

a) Eine Kinokarte kostet 8,50 €. Wie viel kosten 5 Kinokarten?

Anzahl		Preis
1	→	8,50 €
5	→	

b) Sechs Flaschen Mineralwasser kosten 2,79 €. Wie viel kosten 24 Flaschen?

Flaschen		Preis
	→	
	→	

c) 100 g Salami kosten 0,99 €. Wie viel kostet ein Pfund Salami?

Gewicht		Preis
	→	
	→	

d) Ein Pfund Äpfel kostet 1,49 €. Wie viel kosten 10 Kilo Äpfel?

Gewicht	Preis
	→
	→

3 Können die Tabellen zu einer proportionalen Zuordnung gehören?

a)

x	1	2	3	4	5	6
y	3	6	9	12	15	18

b)

x	1	2	3	4	5	6
y	4	8	12	16	15	18

4 Vervollständige die Tabellen zu einer proportionalen Zuordnung.

a)

x	1	2	3		10	20
y	3,50			14		

b)

x	6	2	1		18	24
y	2,50			10		

5 Lege eine Zuordnungstabelle an und vervollständige sie.

a) 1 Kiste (12 Flaschen) Apfelsaft kostet 12,99 €. Wie viel kosten drei Kisten?
b) Für einen Euro erhält man 1,34 US-Dollar. Wie viel Dollar erhält man für 20 €?
c) 100 g Wurst kosten 2,40 €. Wie viel € kosten 250 g?

6 Schnelle Kapelle
Eine Musikkapelle mit 4 Musikern spielt ein Musikstück in 8 Minuten.
Wie lange dauert das Musikstück, wenn 8 Musiker das Stück spielen?

DAS MUSST DU WISSEN — Halbgerade als Schaubild

Das Schaubild einer proportionalen Zuordnung ist eine **Halbgerade**. Die Halbgerade geht durch den Nullpunkt (0|0) und ist durch einen weiteren Punkt festgelegt.

Beispiel: Weg-Zeit-Diagramm
Wir tragen die folgende Zuordnung „Weg" → „Zeit" in ein Koordinatensystem ein.

Zeit	1 h	2 h	4 h
Weg	50 km	100 km	200 km

Hinweis: Den Quotienten $\frac{Weg}{Zeit}$ nennt man Geschwindigkeit. In dem obigen Beispiel ergibt sich eine Geschwindigkeit von $50 \frac{km}{h}$.

7 Wertetabellen vervollständigen

Fülle die Tabelle so aus, dass jeweils eine gleich bleibende Geschwindigkeit vorliegt. Zeichne ein Schaubild der Zuordnung.

a)

Zeit	1 h	2 h		4 h
Weg	5 km		15 km	

b)

Zeit	1 h			3,5 h
Weg	40 km	80 km	100 km	

8 Proportionale Uhr

Das Gewichtsstück einer Standuhr bewegt sich in einer Stunde um 6 cm nach oben. Stelle diese proportionale Zuordnung im Koordinatensystem dar. Wie weit hat sich das Gewichtsstück nach 3,5 Stunden bewegt?

1.3 Antiproportionale Zuordnungen

WAS DU SCHON KÖNNEN MUSST
▷ Zuordnungen in verschiedenen Formen darstellen
▷ Wissen, was eine proportionale Zuordnung ist

DARUM GEHT ES
Es gibt verschiedene Zuordnungen, eine weitere wichtige Zuordnung ist die *anti*proportionale **Zuordnung.** Hier lernst du, was eine antiproportionale Zuordnung ist, wie du sie erkennst und wie du damit rechnest.

Antiproportionale Zuordnungen unterliegen einer bestimmten Regel bezüglich ihrer Zuordnungsvorschrift. Schau dir dazu den folgenden Kasten genau an.

DAS MUSST DU WISSEN | Antiproportionale Zuordnung

Regel: Eine Zuordnung heißt antiproportionale Zuordnung oder auch indirekt proportional, wenn dem doppelten (halben, dreifachen, n-fachen) Wert von x der halbe (doppelte, dritte, n-te) Teil des Wertes von y zugeordnet wird.

BEISPIEL

Ein Bagger braucht für eine Baugrube 12 Tage. Wie lange brauchen 3 Bagger?

Anzahl Bagger		Tage
1	→	12
× 3		: 3
3	→	4

Unter der Voraussetzung, dass alle drei Bagger gleich schnell arbeiten, brauchen sie zusammen für das Ausheben der Baugrube 4 Tage.

1 Berechne für die antiproportionalen Zuordnungen die fehlenden Werte.

a) Ein LKW braucht für den Abtransport von Bauschutt 20 Tage.
Wie viele Tage brauchen 5 LKWs?

Anzahl		Tage
	→	
	→	

b) Eine Packung Meerschweinchentrockenfutter reicht bei einem Meerschweinchen für
12 Tage. Wie lange reicht sie bei drei Meerschweinchen?

Anzahl		Tage
	→	
	→	

c) Aus einem Fass können 300 Gläser zu je 0,2 l ausgeschenkt werden.
Wie viele Gläser können zu 0,4 l ausgeschenkt werden?

Anzahl		Liter
	→	
	→	

d) Eine Pumpe pumpt ein Schwimmbad in 18 Stunden leer. Wie lange brauchen 4 Pumpen?

Anzahl		Stunden
	→	
	→	

2 Können die Tabellen zu einer antiproportionalen Zuordnung gehören?

a)
x	2	4	8	16	32	64
y	10	5	1	0,5	0,3	0,125

b)
x	10	5	2	1	0,5	20
y	40	80	200	400	800	20

3 Vervollständige die Tabellen zu einer antiproportionalen Zuordnung.

a)

x	1	2	3		10	20
y	30		6			

b)

x	6	2	1		24	120
y	200		10			

4 Lege eine Zuordnungstabelle an und vervollständige sie.

a) Ein Hafervorrat reicht für ein Pferd für 32 Tage, wie lange reicht der Vorrat für 4 Tiere?

b) Bei einer Schifffahrt reicht der Proviant bei 8 Personen für 20 Tage. Wie lange reicht der Proviant bei 4 Personen?

c) Zwei Bagger heben eine Baugrube in 10 Stunden aus. Wie lange brauchen 24 Bagger?

DAS MUSST DU WISSEN   **Hyperbel als Schaubild**

Bei einer antipropotionalen Zuordnung liegen die Punkte des Schaubilds (Graphen) auf einer Kurve. Diese Kurve nennt man **Hyperbel.** Sie trifft keine der beiden Achsen.

Beispiel:
Ein Rechteck hat einen Flächen-inhalt von $12\,cm^2$. Welche Recht-eckformen sind möglich?
Wir tragen dazu die Zuordnung „Länge in cm" → „Breite in cm" in eine Tabelle ein und zeichnen anschließend das Schaubild in ein Koordinatensystem.

Länge	Breite
1 cm	12 cm
2 cm	6 cm
3 cm	4 cm
6 cm	2 cm

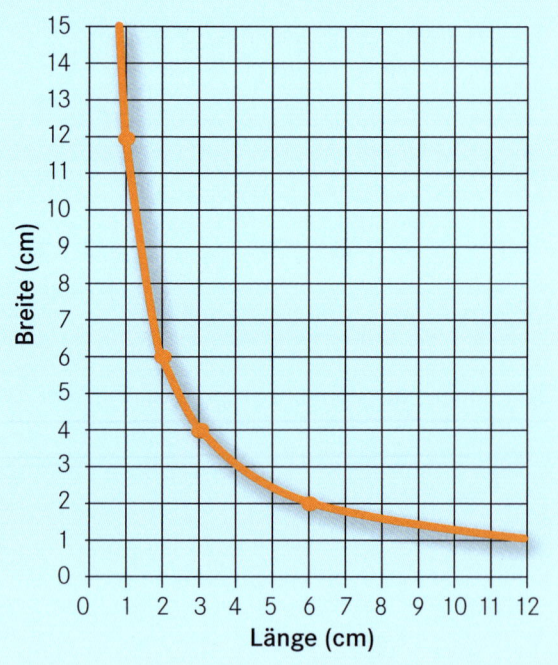

5 Gleich große Beete

Ein Schulgarten ist 150 m^2 groß. Es sollen gleich große Beete angelegt werden. Lege eine Tabelle für die Zuordnung „Anzahl der Beete" → „Größe eines Beetes" an.

a) Zeichne das Schaubild.

Lies am Graphen ab:

b) Es sollen 25 Beete entstehen. Wie groß ist jedes Beet?

c) Wie groß wird jedes Beet bei 8 Beeten?

d) Jedes Beet soll 5 m^2 groß sein. Wie viele Beete erhält man?

Kontrolliere deine Antworten jeweils durch eine Rechnung.

1.4 Dreisatzrechnen mit proportionalen Zuordnungen

WAS DU SCHON KÖNNEN MUSST

▷ Wissen, was eine proportionale Zuordnung ist und diese erkennen

DARUM GEHT ES

Beim sogenannten Dreisatzrechnen mit proportionalen Zuordnungen geht es um ähnliche Rechnungen wie bereits zuvor. Zur Lösung dieser Aufgaben benötigst du drei Rechenschritte.

TIPPS UND INFOS | **Günstige Einheiten**

Beim Dreisatzrechnen mit proportionalen Zuordnungen rechne über die Einheit 1 oder eine andere günstige Einheit.

Beispiel:
12 Flaschen (1 Kasten) Mineralwasser kosten 5,88 €. Wie viel kosten 7 Flaschen Mineralwasser?

Anzahl Flaschen		Preis
12	→	5,88 €
: 12		: 12
1	→	0,49 €
× 7		× 7
7	→	3,43 €

7 Flaschen Mineralwasser kosten 3,43 €.

Manchmal ist es auch einfacher, über eine andere Einheit als die Einheit 1 zu rechnen.

Beispiel: 60 Heftklammern wiegen 3 g. Wie viel Gramm wiegen 100 Heftklammern?

Anzahl Heftklammern		Gewicht
60	→	3 g
: 3		: 3
20	→	1 g
× 5		× 5
100	→	5 g

100 Heftklammern wiegen 5 g.

1 Ergänze die Tabelle sinnvoll, sodass sich eine proportionale Zuordnung ergibt.

a)
Anzahl	Preis
9	13,50 €
1	
7	

b)
Gewicht	Preis
150 g	2,97 €
50 g	
350 g	

c)
Zeit	Füllmenge
12 min	48 l
3 min	
27 min	

d)
Anzahl	Preis
286	2.366 €
66	

e)
Gewicht	Preis
350 g	5,25 €
105 g	

f)
Zeit	Füllmenge
2,5 h	5 250 l
8 h	

2 **Dreisatz beim Einkauf**

a) Ein Strauß Blumen mit 7 Tulpen kostet 2,10 €. Wie viel kostet ein Strauß mit 9 Tulpen?

b) Eine Wasserpumpe fördert 20 l in 50 Sekunden. In wie vielen Sekunden ist ein 15 l fassender Behälter gefüllt?

c) 100 g Schrauben kosten 2,90 €. Wie viel Euro kosten 40 g?

3 **Nährwertangaben**
Auf einer Knusper-Müsli-Packung sind folgende Nährwertinformationen angegeben:
100 g enthalten: 420 kcal; Eiweiß 10 g; Kohlenhydrate 62 g; Fett 15 g; Ballaststoffe 5,4 g;
Natrium 0,7 g; Vitamin B1 0,5 mg; Eisen 3 mg; Magnesium 100 mg.
Berechne die Anteile für ein Frühstück, das aus 150 g Knusper-Müsli besteht.

1.5 Dreisatzrechnen mit antiproportionalen Zuordnungen

WAS DU SCHON KÖNNEN MUSST
▷ Wissen, was eine antiproportionale Zuordnung ist und diese erkennen

DARUM GEHT ES
Beim sogenannten Dreisatzrechnen mit antiproportionalen Zuordnungen geht es um ähnliche Rechnungen wie bereits zuvor. Auch zur Lösung dieser Aufgaben benötigst du drei Rechenschritte.

TIPPS UND INFOS	Günstige Einheiten

Beim Dreisatzrechnen mit antiproportionalen Zuordnungen rechne über die Einheit 1 oder eine andere günstige Einheit.

Beispiel:
Für den Anstrich und die Lackierung eines großen Schiffes brauchen 4 Maler 15 Tage. Wie lange brauchen 3 Maler?

Anzahl Arbeiter		Tage
4	→	15
: 4		× 4
1	→	60
× 3		: 3
3	→	20

Für die gleiche Arbeit brauchen 3 Maler 20 Tage.

Manchmal ist es auch einfacher, über eine andere Einheit als die Einheit 1 zu rechnen.
Beispiel: Ein Hafervorrat reicht bei einem Gestüt mit 12 Pferden für 210 Tage. Wie lange reicht der Vorrat für 8 Pferde?

Anzahl Pferde		Tage
12	→	210
: 3		× 3
4	→	630
× 2		: 2
8	→	315

Der Vorrat reicht bei 8 Pferden für 315 Tage.

1 Ergänze die Tabelle sinnvoll, sodass sich eine antiproportionale Zuordnung ergibt.

a)

LKWs	Fuhren
3	12
1	
4	

b)

Maschinen	Zeit zur Fertigstellung
9	27 h
1	
2	

c)

Gewicht	Anzahl Verpackungen
250 g	12
50 g	
200 g	

d)

Maschinen	Zeit zur Fertigstellung
14	9 h
18	

e)

LKWs	Fuhren
12	14
7	

f)

Gewicht	Anzahl Verpackungen
150 g	15
250 g	

2

a) 7 Arbeiter sollen Anstreicharbeiten in einem Altbau in 8 Tagen durchführen. Wie lange brauchen 4 Arbeiter?

b) 3 Bagger heben eine Baugrube in 21 Stunden aus. Wie lange brauchen 7 Bagger?

c) In einem Gestüt reicht der Heuvorrat für 18 Pferde insgesamt 240 Tage. Es werden noch 4 Pferde dazugekauft. Wie lange reicht nun der Vorrat?

d) Ein Ölvorrat reicht in einem Wohnhaus 5 Monate bei einem monatlichen Verbrauch von 630 l. Wie lange reicht der Vorrat, wenn durch Einsparmaßnahmen nur 525 l monatlich verbraucht werden?

e) 24 LKWs können in 42 Arbeitsstunden einen Abfallberg abtransportieren. Wie lange brauchen 18 Lastkraftwagen?

f) Eine Computerseite hat bei einem 1,5-zeiligen Abstand 36 Zeilen. Wie viele Zeilen ergeben sich bei einem doppelzeiligen Abstand?

1.6 Quotientengleichheit und Produktgleichheit

WAS DU SCHON KÖNNEN MUSST

▷ Wissen, was eine proportionale und was eine antiproportionale Zuordnung ist und diese unterscheiden können

DARUM GEHT ES

Du erfährst, was die Begriffe Quotientengleichheit und Produktgleichheit bedeuten, und wie du damit rechnen kannst. Sie helfen dir schneller zu entscheiden, ob eine Zuordnung proportional oder antiproportional ist. Für jede proportionale und antiproportionale Zuordnung kannst du eine Vorschrift angeben, die die Zuordnung exakt beschreibt.

DAS MUSST DU WISSEN   Quotientengleiche Größen

Bei einer **proportionalen Zuordnung** sind die Quotienten zugeordneter Größen gleich (Quotientengleichheit). Der Quotient

$$q = \frac{2.\ \text{Größe}}{1.\ \text{Größe}}$$

heißt **Proportionalitätsfaktor.** Die Zuordnungsvorschrift einer proportionalen Zuordnung hat die Form

$x \rightarrow q \cdot x.$

BEISPIEL

Mithilfe des Proportionalitätsfaktors kannst du zeigen, dass die folgende Zuordnung proportional ist:

x	1	2	12	0,7
y	4	8	48	2,8

Du rechnest: 4 : 1 = 4;   8 : 2 = 4;   48 : 12 = 4;   2,8 : 0,7 = 4.
Der Quotient ergibt jedes Mal den Wert 4. 4 ist also der Proportionalitätsfaktor. Die Zuordnung ist damit proportional. Die Zuordnungsvorschrift lautet: $x \rightarrow 4 \cdot x.$

DAS MUSST DU WISSEN   Produktgleiche Größen

Bei einer **antiproportionalen Zuordnung** sind die Produkte p zugeordneter Größen gleich (Produktgleichheit).
Die Zuordnungsvorschrift einer antiproportionalen Zuordnung hat die Form
$x \rightarrow \frac{p}{x}$.

BEISPIEL

Mithilfe der Produktgleichheit kannst du zeigen, dass die folgende Zuordnung antiproportional ist:

x	1	2	0,5	0,8
y	24	12	48	30

Du rechnest: $1 \cdot 24 = 24$; $2 \cdot 12 = 24$; $0,5 \cdot 48 = 24$; $0,8 \cdot 30 = 24$.
Das Produkt hat jedes Mal den Wert 24. Folglich ist die Zuordnung antiproportional.
Die Zuordnungsvorschrift lautet $x \rightarrow \frac{24}{x}$.

1 Überprüfe, ob die folgende Zuordnung proportional ist.
Gib im Falle der Proportionalität die Zuordnungsvorschrift an.

a)

x	1	2	0,25	40	0, 5	0,3
y	3	6	0,75	120	1,5	0,9

b)

x	1	2	3	0,4	0,25	0,2
y	0,5	1	1,5	1,2	0,75	0,8

2 Überprüfe, ob die folgende Zuordnung antiproportional ist.
Gib im Falle der Antiproportionalität die Zuordnungsvorschrift an.

a)

x	1	2	3	4	0,5	0,6
y	12	6	4	3	21	20

b)

x	1	2	4	0,125	2,5	50
y	0,5	0,25	0,125	4	0,2	0,01

3 Ergänze die Tabellen, sodass sie jeweils proportional bzw. antiproportional sind. Gib die Zuordnungsvorschriften an.

a) proportional

x	1		3		5	0,5
y	4	8		16		

b) antiproportional

x	1		3		5	0,5
y	4	8		16		

Test

1 Aus einem undichten Wasserhahn tropft es.
Die Wasserleitung verliert in 5 Stunden 4 l. |10|

a) Begründe, ob es sich um eine proportionale oder antiproportionale Zuordnung handelt.
b) Gib eine Zuordnungsvorschrift an.

2 Ergänze die Tabellen, sodass du je eine proportionale
und antiproportionale Zuordnung erhältst. |10|

x	2	8	0,25		$\frac{1}{20}$
y	5			0,5	

x	2	8	0,25		$\frac{1}{20}$
y	5			0,5	

3 Ein Ölvorrat für ein Wohnhaus reicht 6 Monate, wenn monatlich 800 l Öl
verbraucht werden. |10|

a) Wie lange reicht er, wenn monatlich 1 200 Liter verbraucht werden?
b) Wie groß darf der monatliche Verbrauch sein, wenn der Vorrat 8 Monate reichen soll?

4 Ein Fuhrunternehmer soll 180 m³ Erde abtransportieren. Mit 18 Fuhren hat er
schon 108 m³ abgefahren. Wie viele Fuhren sind für den Rest erforderlich? |10|

5 Ein vierjähriges Kind schläft täglich ungefähr 14 Stunden.
Wie viele Stunden schläft ein zweijähriges Kind täglich? |10|

||50||

Wie viele Punkte hast du? Erreichst du mehr als 39 Punkte, beherrschst du den Inhalt des Kapitels wirklich
gut. Erreichst du weniger als 20 Punkte, dann solltest du dieses Kapitel wiederholen.

2 Zinsrechnung

2.1 Monats- und Tageszinsen

WAS DU SCHON KÖNNEN MUSST

▷ Die Grundbegriffe und Grundregeln aus der Prozentrechnung kennen, insbesondere die Größen Grundwert (G), Prozentsatz (p) und Prozentwert (P)
▷ Wissen, dass die Zinsrechnung eine Anwendung der Prozentrechnung ist, wobei
  – das Kapital dem Grundwert,
  – der Zinssatz dem Prozentsatz und
  – der Betrag der Jahreszinsen dem Prozentwert entspricht

DARUM GEHT ES

Geld spielt im alltäglichen Leben eine wichtige Rolle. Wenn man bei einer Bank ein Sparbuch oder ein Girokonto hat, erhält man Zinsen gutgeschrieben. Leiht man sich bei einer Bank Geld, so verlangt diese im Gegenzug Zinsen. Die Zinsen werden sehr häufig nicht nur für ein Jahr berechnet, sondern auch für Monate und Tage. Hier erfährst du, wie dies funktioniert.

BEISPIEL

Nadine hat zum Jahresbeginn 250 € auf ihrem Sparbuch. Im Laufe des Jahres zahlt sie nichts ein und hebt nichts ab. Nach fünf Monaten möchte sie eine neue Digitalkamera für 259 € kaufen und das Geld vom Sparbuch nehmen. Sind inzwischen genügend Zinsen hinzugekommen, um die Kamera zu kaufen, wenn der Zinssatz für das Sparbuch 3 % beträgt?

Lösung: Wir berechnen die Zinsen wie für ein Jahr, multiplizieren jedoch noch mit $\frac{5}{12}$, um die verkürzte Laufzeit von nur fünf Monaten zu berücksichtigen:

Zinsen (Z_t) = $250\,€ \cdot \frac{3}{100} \cdot \frac{5}{12} = 3{,}125\,€ \approx 3{,}13\,€$.

Nadine erhält in fünf Monaten 3,13 € Zinsen. Das reicht nicht, um die Digitalkamera allein mit dem Geld auf dem Sparbuch zu kaufen.

DAS MUSST DU WISSEN **Monatszinsen berechnen**

Gegeben: Kapital K, Zinssatz $p\,\%$, Laufzeit t Monate
Gesucht: **Zinsen** Z_t

$$Z_t = K \cdot \frac{p}{100} \cdot \frac{t}{12} \qquad \text{(I)}$$

Die Formel lässt sich zur Berechnung des Kapitals umstellen:

Gegeben: Zinsen Z_t, Zinssatz $p\%$, Laufzeit t Monate

Gesucht: **Kapital** K

$$K = Z_t \cdot \frac{100}{p} \cdot \frac{12}{t} \qquad \text{(II)}$$

Berechnung des Zinssatzes:

Gegeben: Kapital K, Zinsen Z_t, Laufzeit t Monate.

Gesucht: **Zinssatz** $p\%$

$$p = Z_t \cdot \frac{100}{K} \cdot \frac{12}{t} \qquad \text{(III)}$$

Beispiele:

a) Eine Bank bietet einen Zinssatz von 3,2 % an.

   Welche Summe muss Herr Mayer anlegen, wenn er 120 € Zinsen für einen Zeitraum von einem Vierteljahr erhalten möchte?

   Lösung: $K = 120\,€ \cdot \frac{100}{3,2} \cdot \frac{12}{3} = 15.000\,€$. Herr Mayer muss 15.000 € anlegen.

b) Ein Darlehen über 8.000 € soll nach 9 Monaten mit 8.420 € zurückgezahlt werden.

   Welchem Zinssatz entspricht das?

   Lösung: $p = 420\,€ \cdot \frac{100}{8\,000} \cdot \frac{12}{9} = 7\%$. Der Zinssatz beträgt 7 %.

TIPPS UND INFOS   **Das Bankjahr**

Die Berechnung von Tageszinsen ist ähnlich zu der Berechung von Monatszinsen. Allerdings rechnen die Banken nicht mit einem Kalenderjahr von 365 Tagen, sondern mit einem „Bankjahr" mit 360 Tagen. Ein Monat wird mit 30 Tagen gezählt.

DAS MUSST DU WISSEN   **Tageszinsen berechnen**

Gegeben: Kapital K, Tageszinssatz $p\%$, Laufzeit t Tage

Gesucht: **Tageszinsen** Z_t

$$Z_t = K \cdot \frac{p}{100} \cdot \frac{t}{360} \qquad \text{(I)}$$

Gegeben: Tageszinsen Z_t, Tageszinssatz $p\%$, Laufzeit t Tage

Gesucht: **Kapital** K

$$K = Z_t \cdot \frac{100}{p} \cdot \frac{360}{t} \qquad \text{(II)}$$

Gegeben: Kapital K, Tageszinsen Z_t, Laufzeit t Tage

Gesucht: **Tageszinssatz** $p\%$

$$p = Z_t \cdot \frac{100}{K} \cdot \frac{360}{t} \qquad \text{(III)}$$

Beispiele:

a) Juila hat für einen Zeitraum von 4 Monaten und 18 Tagen 210 € auf dem Sparbuch. Berechne die anfallenden Zinsen bei einem Zinssatz von 2,5 %.

Lösung: $Z_t = 210 € \cdot \frac{2,5}{100} \cdot \frac{138}{360} \approx 2,01 €.$

Sie erhält in diesem Zeitraum 2,01 € Zinsen.

b) Frau Hager hat ihr Gehaltskonto 45 Tage lang überzogen. Bei einem Zinssatz von 11,5 % berechnet die Bank 6,90 € Überziehungszinsen. Um wie viele Euro hat sie ihr Konto überzogen?

Lösung: $K = 6,90 € \cdot \frac{100}{11,5} \cdot \frac{360}{45} = 480 €.$

Sie hat ihr Konto um 480 € überzogen.

c) Das Bergmann-Kreditinstitut wirbt mit folgendem Angebot: „Bei uns kostet ein Kredit über 2.000 € nur 1 € Zinsen am Tag!" Wie hoch ist der Zinssatz?

Lösung: $p = 1 € \cdot \frac{100}{2000} \cdot \frac{360}{1} = 18 \%.$

Der Zinssatz beträgt 18 %, ist also unverhältnismäßig hoch!

1 Herr Schmidt hat sein Konto für 4 Monate um 2.500 € überzogen. Die Bank verlangt von ihm 8 % Zinsen. Wie viel Zinsen muss er zahlen?

2 Berechne die Monatszinsen für ein Sparbuch mit einem Zinssatz von 2,5 %.

a) Fabian hat 9 Monate lang 600 € auf seinem Sparbuch.

b) Aylin hat 11 Monate lang 450 € auf ihrem Sparbuch.

3 Ergänze die folgende Tabelle.

	a)	b)	c)	d)	e)
Kapital	200 €		22.500 €	4.750 €	
Zinssatz	2 %	2,5 %		3,25 %	2 %
Laufzeit	5 Monate	3 Monate	7 Monate	2 Monate	6 Monate
Monatszinsen		7,50 €	525 €		24 €

4 Berechne die Tageszinsen für ein Sparbuch mit einem Zinssatz von 2,5 %.

a) Jakob hat für einen Zeitraum von 20 Tagen 600 € auf seinem Sparbuch.

b) Sarah hat für einen Zeitraum von 11 Monaten und 10 Tagen 450 € auf ihrem Sparbuch.

5 Ergänze die folgende Tabelle.

	a)	b)	c)	d)	e)
Kapital	200 €	1.200 €	22.500 €	4.750 €	2.400 €
Zinssatz	2 %		4 %	3,25 %	
Laufzeit	150 Tage	21 Tage		1 Monat und 14 Tage	6 Monate und 20 Tage
Tageszinsen		1,75 €	2,50 €		40 €

6 **Autokauf**
Familie Ortner will ein neues Auto kaufen, kann aber den Verkaufspreis von 24.500 € nicht sofort bezahlen. Das Autohaus Rottmayer bietet an: Der halbe Preis wird sofort bezahlt. Der Rest einen Monat später. Dafür verlangt das Autohaus einen Zuschlag von 62,50 €. Welchem Zinssatz entspricht das?

7 Herr Riedel legt 5.000 € über zwei Jahre mit einem Zinssatz von 4 % bei einer Bank an. Mit wie viel Zinsen kann er am Ende der Laufzeit rechnen?

2.2 Prozentuale Änderung

DARUM GEHT ES

Sicherlich hast du beim Einkaufen schon erlebt, dass Produkte teurer oder billiger wurden. Hier lernst du, wie du schnell feststellen kannst, wie groß die Änderung der Preise in Prozent war. Die prozentuale Veränderung spielt auch in vielen anderen Bereichen, wo es um Wachstum oder Abnahme geht, eine wichtige Rolle.

DAS MUSST DU WISSEN	Vermehrter und verminderter Grundwert

a) Wird ein **Grundwert** um p % **vermehrt,** so erhält man den neuen Wert (Prozentwert), indem man rechnet
$$P = G \cdot \left(1 + \frac{p}{100}\right).$$
b) Wird ein **Grundwert** um p % **vermindert,** so erhält man den neuen Wert (Prozentwert), indem man rechnet
$$P = G \cdot \left(1 - \frac{p}{100}\right).$$

Beispiele:

a) Ein Fahrrad kostet ohne Mehrwertsteuer 450 €. Die Mehrwertsteuer beträgt 19 %. Wie teuer ist das Fahrrad mit Mehrwertsteuer?

$P = 450 € \cdot \left(1 + \frac{19}{100}\right) = 450 € \cdot 1,19 = 535,50 €.$

Das Fahrrad kostet mit Mehrwertsteuer 535,50 €.

b) Ein Computer kostet ursprünglich 1.290 €. Bei einer Sonderaktion wird der Preis um 15 % gesenkt. Wie teuer ist der Computer nach der Preissenkung?

$P = 1.290 € \cdot \left(1 - \frac{15}{100}\right) = 1.290 € \cdot 0,85 = 1.096,50 €.$

Der Computer kostet nach der Preissenkung 1.096,50 €.

1 Skonto

Ein neuer Fernseher kostet 580 €. Wird er innerhalb von zwei Wochen bezahlt, darf man 2 % Skonto abziehen. Herr Schmidt bezahlt direkt beim Verkauf im Geschäft.
Was muss er bezahlen?

2 Mehrwertsteuer

Ein Auto wird zu einem Nettopreis von 19.900 € angeboten. Es kommen noch 19 % Mehrwertsteuer hinzu. Wie teuer ist der Wagen?

3 Gehaltserhöhung

Herrn Kieslowskis monatliches Gehalt ist bei der letzten Lohnerhöhung von 3.200 € auf 3.392 € gestiegen. Frau Wolfs Gehalt stieg zuletzt von 2.800 € auf 2.982 €.
Welche Lohnerhöhung ist prozentual höher ausgefallen?

4 Sonderaktion

Ein Elektronikkaufhaus wirbt bei einer Sonderaktion mit dem Slogan „Wir erlassen Ihnen die Mehrwertsteuer". Lena möchte einen MP3-Player kaufen. Er kostet 129 € einschließlich der Mehrwertsteuer von 19 %. Wie hoch ist der Nettopreis des Geräts?

Test

1 Herr Krause hat bei seiner Bank 15.000 € zu 4 % angelegt.
Nach einem $\frac{3}{4}$ Jahr hebt er sein Geld ab. Wie viel Zinsen bekommt er? |5|

2 Frau Walter zahlt für 6.000 € Schulden vierteljährlich 120 € Zinsen.
Wie hoch ist der Zinssatz? |5|

3 Überziehungszinsen (I)
Frau Blum hat ihr Gehaltskonto 4 Monate lang überzogen. Bei einem Zinssatz von 7,5 %
berechnet die Bank 50 € Zinsen. Um wie viel Euro hat sie ihr Konto überzogen? |5|

4 Herr Gross leiht sich 5.000 € und zahlt nach 100 Tagen 5.250 € zurück.
Zu welchem Zinssatz hat er sich das Geld geliehen? |5|

5 Überziehungszinsen (II)
Björn hat sein Girokonto 80 Tage lang überzogen. Bei einem Zinssatz von 9 % berechnet
die Bank 5 € Zinsen. Um wie viel Euro hat er sein Konto überzogen? |5|

6 Wachsender Konsum
Die Kids-Verbraucher-Analyse befragte von Februar bis April 2011 1588 Kinder im Alter
zwischen sechs und 13 Jahren über ihr Konsumverhalten. Die Mobiltelefone belasten laut
Studie jeden Haushalt im Durchschnitt mit jährlich 312 Euro, das sind 15 Euro mehr als
vor zwei Jahren. Die Kleidung, vor allem Markenware bei Sportschuhen, Rucksäcken und
Taschen, schlägt mit jährlich 320 Euro zubuche, fünf Euro mehr als 2009.
Wie groß ist die prozentuale Steigerung der Ausgaben? |10|

7 Preissteigerung
Ein Rennrad kostet 900 €. Dieser Preis wird um 10 % erhöht, der erhöhte Preis wird
später nochmals um 10 % erhöht. |10|

a) Wie teuer ist das Rennrad nach der zweimaligen Erhöhung?
b) Um wie viel Prozent ist der ursprüngliche Preis insgesamt gestiegen?

8 Gehaltserhöhung
Nach einer Gehaltserhöhung von 2,5 % verdient Herr Schulze jetzt 2.870 €.
Wie hoch war sein ursprüngliches Gehalt? |5|

||50||

Wie viele Punkte hast du? Erreichst du mehr als 39 Punkte, beherrschst du den Inhalt des Kapitels wirklich
gut. Erreichst du weniger als 20 Punkte, dann solltest du dieses Kapitel wiederholen.

3 Rationale Zahlen

3.1 Anordnung rationaler Zahlen

DARUM GEHT ES

Negative Zahlen oder „Minuszahlen" kennst du bestimmt schon aus dem Alltag. Eine Anwendung finden sie, wenn es um die Angabe von Temperaturen geht. Zu 3°C unter dem Gefrierpunkt sagen wir auch „minus 3° Celsius", geschrieben $-3°C$. Auch bei Geldangaben auf dem Konto (Haben oder Soll) und bei Höhenangaben über oder unter dem Meeresspiegel (NN = Normalnull) findest du eine Anwendung negativer Zahlen. Negative und positive Zahlen kann man anordnen.

DAS MUSST DU WISSEN   Negative Zahlen

Durch die negativen Zahlen wird der Zahlenstrahl zu einer **Zahlengeraden** erweitert:

Zahlenstrahl:

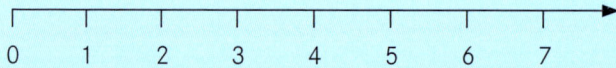

Zahlengerade:

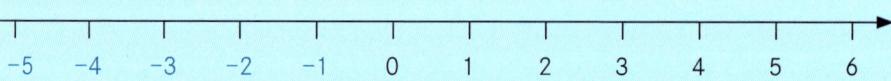

DAS MUSST DU WISSEN   Was sind rationale Zahlen?

Fügt man zu den ganzen Zahlen alle positiven und negativen Brüche hinzu, so erhält man die rationalen Zahlen. Die ganzen Zahlen sind ein Teil der rationalen Zahlen, da man sie auch als Brüche schreiben kann. Für die Menge der rationalen Zahlen verwendet man das Symbol $\mathbb{Q}$, für die Menge der ganzen Zahlen das Symbol $\mathbb{Z}$.

---

1   **Ordne die folgenden Zahlen der Größe nach. Beginne jeweils mit der kleinsten Zahl.**

a) $2;\ 0{,}5;\ -7;\ \dfrac{5}{3};\ -5{,}5$

b) $4;\ -9;\ -3\dfrac{2}{5};\ -3{,}5;\ 4{,}8;\ \dfrac{25}{6};\ -10{,}3$

c) $-\dfrac{3}{7};\ 2;\ 3;\ -0{,}4;\ -\dfrac{7}{12};\ 2\dfrac{1}{3}$

2 Ordne die folgenden Zahlen der Größe nach. Beginne jeweils mit der größten Zahl.

a) $-22; 4; -7\frac{1}{2}; -31; 0; \frac{9}{2}$

b) $3; -23; 7,4; -0,5; -\frac{5}{6}; \frac{5}{6}; -4$

c) $-\frac{3}{4}; -\frac{4}{7}; -\frac{9}{2}; -4,3$

3 Ordne die folgenden Mathematikerinnen und Mathematiker nach der zeitlichen Reihenfolge ihrer Geburt an.

Euklid	um 300 v. Chr.
Carl Friedrich Gauß	1777 n. Chr.
Hypatia	um 370 n. Chr.
Thales von Milet	625 v. Chr.
Maria Agnesia	1718 n. Chr.
Al-Hwarizmi	um 800 n. Chr.
Nils Abel	1802 n. Chr.
Eratosthenes von Kyrene	um 284 v. Chr.
Pythagoras von Samos	580 v. Chr.
Leonhard Euler	1707 n. Chr.
Joseph Louis Lagrange	1736 n. Chr.
Eudoxos von Knidos	408 v. Chr.

4 Gib mit dem Kleinerzeichen an, welche Zahl kleiner ist.

a) $-3,5; -3\frac{1}{3}$

b) $\frac{7}{9}; \frac{5}{6}$

c) $-\frac{13}{7}; -\frac{16}{9}$

d) $-2,23; -2\frac{1}{4}$

5 Welche Zahl liegt auf der Zahlengeraden in der Mitte zwischen

a) 3 und 5;

b) 2 und 4,5;

c) −3 und −3,5;

d) $-\frac{1}{4}$ und $\frac{1}{2}$?

6 Für welche ganzen Zahlen von − 5 bis + 3 gilt die angegebene Bedingung?

a) Die Zahl ist kleiner als − 3.
b) Die Zahl ist größer als − 2.
c) Die Zahl liegt zwischen − 4 und 2.
d) Die Zahl ist kleiner als 3 und größer als − 1.

3.2 Betrag rationaler Zahlen

WAS DU SCHON KÖNNEN MUSST

▷ Einigermaßen sicher die rationalen Zahlen ihrer Größe nach anordnen

DARUM GEHT ES

Beträge spielen auch im Alltag eine Rolle. So spricht man bei einem Bankkonto auch davon, dass sich ein bestimmter Betrag darauf befindet. Mit dem Betrag ist aber noch nicht gesagt, ob der Kontoinhaber Geld auf dem Konto (Haben) hat oder der Bank Geld schuldet (Soll). Hier lernst du den Begriff des Betrags näher kennen und wie du mit Beträgen rechnest.

DAS MUSST DU WISSEN **Betrag und Gegenzahl**

Der Abstand einer Zahl a von 0 heißt **Betrag** dieser Zahl. Wir bezeichnen den Betrag einer rationalen Zahl mit $|a|$. Der Betrag ist nie negativ.

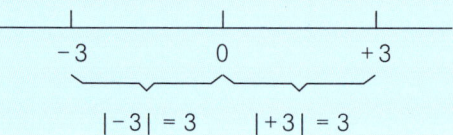

Eine rationale Zahl a und ihre **Gegenzahl** $-a$ haben stets den gleichen Betrag.

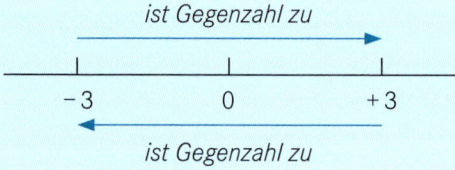

1 **Auf der Zahlengeraden**

a) Welche Zahl liegt von 0 gleich weit entfernt wie -5; $+1\,250$; $-6,25$; $+\frac{1}{5}$; $-3\frac{2}{3}$?

b) Bestimme die Gegenzahl zu: -200; $+78$; $-23,3$; $-32,2$; $+\frac{3}{4}$; $-\frac{1}{12}$; $+\frac{23}{6}$.

c) Bestimme $|-6|$; $|+12|$; $|+7,25|$; $|-3,6|$; $|-2,25|$; $\left|\frac{1}{4}\right|$; $\left|-\frac{3}{8}\right|$; $\left|-4\frac{2}{9}\right|$.

2 **Gib alle rationalen Zahlen an, deren Betrag**

a) 27   b) 4,3   c) $\frac{1}{2}$ d) $7\frac{3}{4}$ e) 0

ist.

3 Sortiere die Zahlen nach der Größe ihrer Beträge.

a) -22; 4; $-7\frac{1}{2}$; -31; 0; $\frac{9}{2}$

b) $-\frac{3}{7}$; 2; 3; $-0{,}4$; $-\frac{7}{12}$; $2\frac{1}{3}$

4 Berechne.

a) $|3-5|$

b) $|7-3| \cdot 2$

c) $12 - |-3|$

d) $\left|\frac{1}{4}\right| + \left|-\frac{3}{8}\right|$

e) $|-525| - |-315|$

f) $|25-12| \cdot |31-16|$

g) $\left|\frac{1}{4}\right| : \left|-\frac{3}{8}\right|$

h) $||-12|-3|$

i) $||9| - |-3{,}4| + 6{,}7|$

5 a) Wie viele ganze Zahlen gibt es, deren Betrag kleiner als 8 ist?
 b) Wie viele ganze Zahlen gibt es, deren Betrag größer als 4 und kleiner als 11 ist?

6 Wenig Toleranz

Eine Maschine produziert Werkteile für ein Auto. Die Abweichungen dürfen nicht mehr als 2 mm betragen, sonst muss das Werkteil aussortiert werden. Für sieben Werkteile wurden folgende Abweichungen (in mm) gemessen: $-1{,}3$; $+2{,}3$; $-0{,}6$; -2; $-2{,}5$; $-1{,}3$, $+0{,}7$. Welche Werkteile müssen aussortiert werden?

7 Für welche ganzen Zahlen von -5 bis $+3$ gilt die angegebene Bedingung?

a) Der Betrag ist kleiner als 3.
b) Der Betrag ist größer als 2.
c) Die zugehörige Gegenzahl ist kleiner als -1.
d) Der Betrag liegt zwischen 4 und 1.
e) Die zugehörige Gegenzahl ist größer als $+2$.

3.3 Addition und Subtraktion rationaler Zahlen

WAS DU SCHON KÖNNEN MUSST

▷ Den vorherigen Abschnitt über den Betrag rationaler Zahlen bearbeitet und verstanden haben
▷ Die Begriffe Summe und Summand kennen

DARUM GEHT ES

Addition und Subtraktion rationaler Zahlen spielen nicht nur in der Mathematik, sondern auch im alltäglichen Leben eine Rolle – beispielsweise, wenn es um die Rechnung mit Temperaturen oder Kontoständen bei der Bank geht.

DAS MUSST DU WISSEN Addieren auf der Zahlengeraden

Beim **Addieren** einer positiven Zahl geht man auf der Zahlengeraden um deren Betrag nach rechts, beim **Addieren** einer negativen Zahl um deren Betrag nach links.
Beispiel:

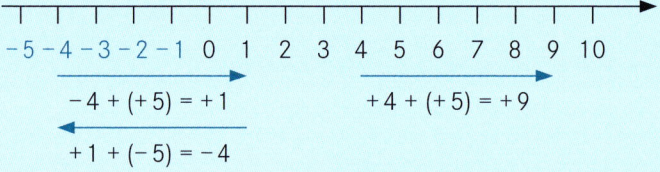

DAS MUSST DU WISSEN Vorzeichen der Summanden

(I) Haben die Summanden die gleichen Vorzeichen, so addiert man die Beträge. Das Ergebnis erhält das gemeinsame Vorzeichen.

(II) Haben die Summanden unterschiedliche Vorzeichen, so subtrahiert man den kleineren Betrag vom größeren. Das Ergebnis erhält das Vorzeichen des Summanden mit dem größeren Betrag.

Beispiele:

(I) $-12 + (-16) = -(|12| + |16|) = -28$

(II) $+23 + (-17) = +(|23| - |17|) = +6,$ aber
$-23 + (+17) = -(|23| - |17|) = -6$

TIPPS UND INFOS

Häufig lässt man das Pluszeichen vor einer positiven Zahl in der Schreibweise weg. Beispielsweise schreibt man $-4 + 9 = 5$ statt $-4 + (+9) = +5$.

1 Berechne.

a) $20 + (+85)$

b) $20 + (-85)$

c) $-20 + (-85)$

d) $-20 + (+85)$

e) $17{,}3 + (+2{,}8)$

f) $17{,}3 + (-2{,}8)$

g) $-17{,}3 + (-2{,}8)$

h) $-17{,}3 + (+2{,}8)$

i) $\frac{1}{3} + \left(+\frac{1}{2}\right)$

j) $-\frac{1}{3} + \left(+\frac{1}{2}\right)$

k) $\frac{1}{3} + \left(-\frac{1}{2}\right)$

l) $-\frac{1}{3} + \left(-\frac{1}{2}\right)$

2 Ergänze die Rechenquadrate, indem du zu der ersten Zahl in der ersten Spalte die Zahlen der ersten Reihe addierst usw.
Beispiel: $4 + (-7) = -3$.

+	−7	3,5	$-\frac{1}{5}$
4			
−1,5			
$-\frac{1}{4}$			

+	9	$-\frac{2}{5}$	−3,8
−12			
2,3			
$-\frac{3}{4}$			

3 Vervollständige die Rechenpyramide. Über zwei Steinen steht jeweils die Summe.

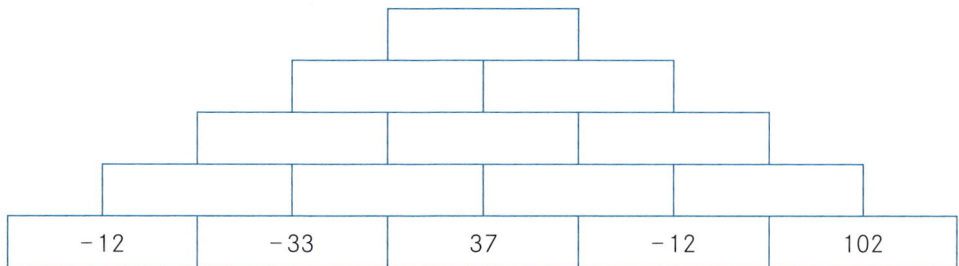

| | −12 | | −33 | | 37 | | −12 | | 102 | |

4 Berechne schrittweise.

a) $-3 + (+7) + (-12)$

b) $0{,}75 + (+3{,}05) + (-4{,}5)$

c) $-\frac{1}{4} + \left(+\frac{2}{5}\right) + \left(-\frac{1}{2}\right)$

d) $2 + (-2{,}5) + \left(-\frac{1}{4}\right)$

e) $0{,}3 + (-3{,}6) + \left(+\frac{3}{4}\right)$

f) $\frac{1}{5} + (-3{,}2) + \left(+\frac{1}{4}\right)$

Beim **Subtrahieren** einer positiven Zahl geht man auf der Zahlengeraden um deren Betrag nach links, beim **Subtrahieren** einer negativen Zahl um deren Betrag nach rechts.

Beispiel:

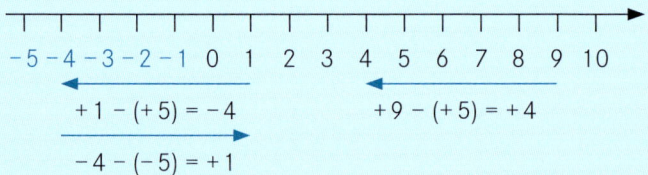

$$+1 - (+5) = -4$$
$$+9 - (+5) = +4$$
$$-4 - (-5) = +1$$

Regel: Man subtrahiert eine rationale Zahl, indem man ihre Gegenzahl **addiert**.

BEISPIEL

$$+12 - (+8) = 12 + (-8) = 4$$
$$+12 - (-8) = 12 + (+8) = 20$$
$$-12 - (+8) = -12 + (-8) = -20$$
$$-12 - (-8) = -12 + (+8) = -4$$

5 Berechne.

a) $20 - (+85)$
b) $20 - (-85)$
c) $-20 - (-85)$
d) $-20 - (+85)$

e) $17{,}3 - (+2{,}8)$
f) $17{,}3 - (-2{,}8)$
g) $-17{,}3 - (-2{,}8)$
h) $-17{,}3 - (+2{,}8)$

i) $\frac{1}{3} - \left(+\frac{1}{2}\right)$
j) $-\frac{1}{3} - \left(+\frac{1}{2}\right)$
k) $\frac{1}{3} - \left(-\frac{1}{2}\right)$
l) $-\frac{1}{3} - \left(-\frac{1}{2}\right)$

6 Ergänze die Rechenquadrate, indem du von den Zahlen in der ersten Spalte die Zahlen der ersten Reihe subtrahierst usw.
Beispiel: $4 - (-7) = 11$.

$-$	-7	$3{,}5$	$-\frac{1}{5}$
4			
$-1{,}5$			
$-\frac{1}{4}$			

$-$	9	$\frac{2}{5}$	$-3{,}8$
-12			
$2{,}3$			
$-\frac{3}{4}$			

7 Vervollständige die Rechenpyramide. Über zwei Steinen steht jeweils die Differenz zwischen der linken und rechten Zahl.

Beispiel: $-12 - (-33) = 21$.

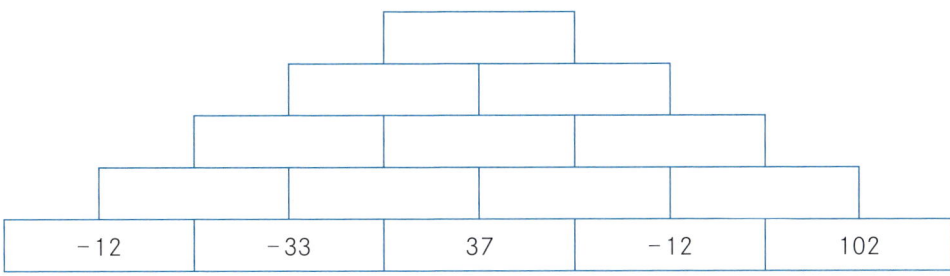

| -12 | -33 | 37 | -12 | 102 |

8 Berechne schrittweise.

a) $-3 - (+7) - (-12)$

b) $0,75 - (+3,05) - (-4,5)$

c) $-\dfrac{1}{4} + \left(+\dfrac{2}{5}\right) - \left(-\dfrac{1}{2}\right)$

d) $2 - (-2,5) - \left(-\dfrac{1}{4}\right)$

e) $0,3 - (-3,6) - \left(+\dfrac{3}{4}\right)$

f) $\dfrac{1}{5} - (-3,2) - \left(+\dfrac{1}{4}\right)$

9 Eine Wetterstation misst die Temperatur an fünf Tagen jeweils um 6.00 Uhr morgens und um 18.00 Uhr abends.

	morgens	abends
Montag	2,4 °C	5,7 °C
Dienstag	0,3 °C	3,6 °C
Mittwoch	−1,7 °C	2,3 °C
Donnerstag	−8,6 °C	−0,5 °C
Freitag	−12,5 °C	−2,4 °C

a) Berechne den Abstand zwischen Morgen- und Abendtemperatur.

b) An welchem Tag änderte sich die Temperatur am meisten, an welchem Tag am wenigsten?

DAS MUSST DU WISSEN — Auflösen von Zahlenklammern

Zahlenklammern darf man auflösen und vereinfachen.

Zur Erinnerung: Eine rationale Zahl subtrahieren heißt, ihre Gegenzahl addieren.

$(+8) - (+2) = (+8) + (-2) = +6$

$(-5) - (-3) = (-5) + (+3) = -2$

Für die Auflösung von Zahlenklammern ergeben sich folgende Regeln:

(I) Man setzt ein Pluszeichen, wenn gleiche Vorzeichen nebeneinander stehen.

(II) Man setzt ein Minuszeichen, wenn verschiedene Vorzeichen nebeneinander stehen.

Beispiele:

(I) $8 + (+12) = 8 + 12 = 20$ bzw. $8 - (-12) = 8 + 12 = 20$

(II) $8 + (-12) = 8 - 12 = -4$ bzw. $8 - (+12) = 8 - 12 = -4$

TIPPS UND INFOS — Rechenvorteile nutzen

Für rationale Zahlen gelten das **Kommutativgesetz**

$a + b = b + a$

und das **Assoziativgesetz**

$(a + b) + c = (a + b) + c = a + b + c.$

Du darfst bei der Addition die Reihenfolge vertauschen. Damit kannst du dir die Rechnung manchmal vereinfachen.

Beispiele:

a) $(+687) + (-355) + (-187) = (+687) + (-187) + (-355)$
$$= 687 - 187 - 355 = 500 - 355$$
$$= 145$$

b) $0{,}75 + (-0{,}3) + (+1{,}25) + (+2{,}3) = 0{,}75 + 1{,}25 - 0{,}3 + 2{,}3$
$$= 2 + 2$$
$$= 4$$

---

10 **Das Tal des Todes**

a) Das Tal des Todes ist mit 85 m unter Normalnull der tiefste Punkt Amerikas. Lucky Luke reitet von dort 145 m bergauf. Auf welcher geografischen Höhe befindet er sich?

b) Pythagoras von Samos wurde 580 v. Chr. geboren. Wie viele Jahren war dies vor der Frauen-Fußball-Weltmeisterschaft 2011? **Hinweis:** Das Jahr Null gibt es nicht.

11 Rechne vorteilhaft.

a) $(+399) - (-547) + (-299)$

b) $(-282) + (-233) + (-318)$

c) $(+12,3) + (+32,6) + (-11,3)$

d) $-\frac{1}{4} + \left(+\frac{2}{5}\right) + \left(-\frac{1}{2}\right)$

e) $(-8,38) + 4,71 + (+3,38) + (-1,71)$

f) $4,55 + (-2,36) + (-7,55) + (+6,36)$

g) $-12,3 + 8,8 - 4,6 - 3,7 + 1,2 - 3,4$

h) $2\frac{1}{4} + 4\frac{2}{5} - \frac{1}{2} - 1\frac{1}{4} + \frac{3}{5} - 7\frac{1}{2}$

12 Berechne die fehlenden Beträge.

alter Kontostand	Buchung	neuer Kontostand
+ 220 €	+382 €	
+ 234,50 €	− 405,50 €	
− 176,30 €	+250 €	
−1.020 €	− 245,80 €	
− 245 €		+330 €
+ 230,50 €		− 54,50 €

3.4 Multiplikation und Division mit rationalen Zahlen

WAS DU SCHON KÖNNEN MUSST

▷ Mit der Schreibweise und den Vorzeichen für rationale Zahlen vertraut sein

▷ Die Begriffe Faktor, Produkt, Dividend, Divisor und Quotient kennen

DARUM GEHT ES

Auch für die Multiplikation und Division von rationalen Zahlen gibt es Rechengesetze. Dabei spielen die Vorzeichen eine große Rolle. Am Ende des Kapitels kannst du mit etwas Übung diese Regeln anwenden.

DAS MUSST DU WISSEN	Multiplikation mit Vorzeichen

Betrachte folgende Multiplikationen:

$4 \cdot 2 = 8$ $4 \cdot 1 = 4$ $4 \cdot 0 = 0$

$4 \cdot (-1) = -4$ $-4 \cdot (-2) = +8$

Setze die Reihe fort, indem du 4 mit $+3$, $+4$, -3, -4 multiplizierst. Was fällt dir auf?

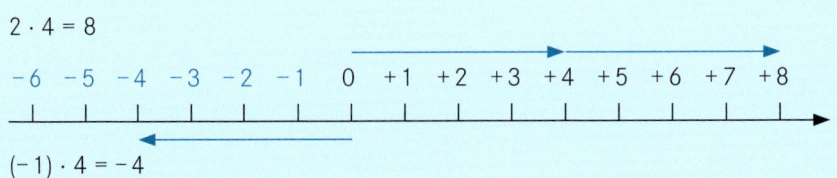

$2 \cdot 4 = 8$

$$-6 \quad -5 \quad -4 \quad -3 \quad -2 \quad -1 \quad 0 \quad +1 \quad +2 \quad +3 \quad +4 \quad +5 \quad +6 \quad +7 \quad +8$$

$(-1) \cdot 4 = -4$

Regel: Man multipliziert zwei rationale Zahlen, indem man ihre Beträge miteinander multipliziert und folgende **Vorzeichenregeln** beachtet:

(I) Bei gleichen Vorzeichen der Faktoren ist das Produkt positiv.

(II) Bei verschiedenen Vorzeichen der Faktoren ist das Produkt negativ.

Außerdem gilt für alle $a \in \mathbb{Q}$:

$a \cdot 0 = 0 \cdot a = 0$.

Beispiele:

(I) $(+7) \cdot (+4) = +28$ $\qquad$ $(-7) \cdot (-4) = +28$

(II) $(+7) \cdot (-4) = -28$ $\qquad$ $(-7) \cdot (+4) = -28$

1 Berechne das Produkt.

a) $(+12) \cdot (+13)$ $\qquad\qquad$ b) $(-12) \cdot (+13)$

c) $(+12) \cdot (-13)$ $\qquad\qquad$ d) $(-12) \cdot (-13)$

e) $(+1,7) \cdot (-1,3)$ $\qquad\qquad$ f) $(-1,7) \cdot (-1,3)$

g) $(+1,7) \cdot (+1,3)$ $\qquad\qquad$ h) $(-1,7) \cdot (+1,3)$

i) $\dfrac{3}{4} \cdot \left(+\dfrac{3}{7}\right)$ $\qquad\qquad$ j) $\dfrac{3}{4} \cdot \left(-\dfrac{3}{7}\right)$

k) $-\dfrac{3}{4} \cdot \left(+\dfrac{3}{7}\right)$ $\qquad\qquad$ l) $-\dfrac{3}{4} \cdot \left(-\dfrac{3}{7}\right)$

2 Ergänze die Rechenquadrate, indem du die Zahlen der ersten Spalte mit den Zahlen der ersten Reihe multiplizierst usw.

$\cdot$	-7	$3,5$	$-\dfrac{1}{5}$
4			
$-1,5$			
$-\dfrac{1}{4}$			

$\cdot$	9	$\dfrac{2}{5}$	$-3,8$
-12			
$2,3$			
$-\dfrac{3}{4}$			

3 Vervollständige die Rechenpyramide. Über zwei Steinen steht jeweils das Produkt der linken und der rechten Zahl.

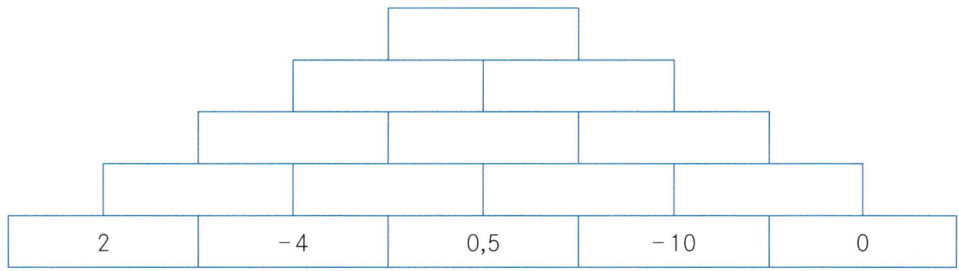

| 2 | − 4 | 0,5 | − 10 | 0 |

4 Acht rationale Zahlen werden miteinander multipliziert. Welches Vorzeichen hat das Ergebnis, wenn

a) sieben Zahlen positiv sind und eine negativ ist;
b) die Hälfte der Zahlen positiv und die andere Hälfte der Zahlen negativ ist;
c) alle Zahlen negativ sind;
d) die ersten drei Zahlen positiv und die letzten fünf Zahlen negativ sind?

DAS MUSST DU WISSEN　　Divisionsregeln

Die Divisionsregeln für rationale Zahlen sind ähnlich zu den Multiplikationsregeln.
Regel: Man dividiert zwei rationale Zahlen, indem man ihre Beträge dividiert und folgende **Vorzeichenregeln** beachtet:
(I) Bei gleichen Vorzeichen von Dividend und Divisor ist der Quotient positiv.
(II) Bei verschiedenen Vorzeichen von Dividend und Divisor ist der Quotient negativ.
Beispiele:
(I) $(+27) : (+3) = +9$ 　　$(−27) : (−3) = +9$
(II) $(+27) : (−3) = −9$ 　　$(−27) : (+3) = −9$

DAS MUSST DU WISSEN　　Divison durch Null?

Durch 0 kann man nicht dividieren. Der Term „$a : 0$" ist nicht definiert. Aber:
$0 : a = 0$ für alle $a ≠ 0$.

5 Berechne die Quotienten.

a) $(+78) : (+13)$ b) $(-78) : (+13)$ c) $(+78) : (-13)$ d) $(-78) : (-13)$

e) $(+2,21) : (-1,3)$ f) $(-2,21) : (-1,3)$ g) $(+2,21) : (+1,3)$ h) $(-2,21) : (+1,3)$

i) $\frac{3}{4} : \left(+\frac{3}{7}\right)$ j) $\frac{3}{4} : \left(-\frac{3}{7}\right)$ k) $-\frac{3}{4} : \left(+\frac{3}{7}\right)$ l) $-\frac{3}{4} : \left(-\frac{3}{7}\right)$

6 Ergänze die Rechenquadrate, indem du die Zahlen der ersten Spalte durch die Zahlen der ersten Reihe dividierst usw.
Beispiel: $-7 : 4 = -\frac{7}{4}$

:	-7	$3,5$	$-\frac{1}{5}$
4			
$-1,5$			
0			

:	9	$\frac{2}{5}$	$0,3$
-12			
$2,3$			
$-\frac{3}{4}$			

7 Fülle die Tabellen passend aus.

:	-640		
-8			
40		24	
32		-12	

:	-396		-432
-24			
		0	12
	18		

8 Vervollständige die Rechenpyramide, indem du den entsprechenden Quotienten bildest.

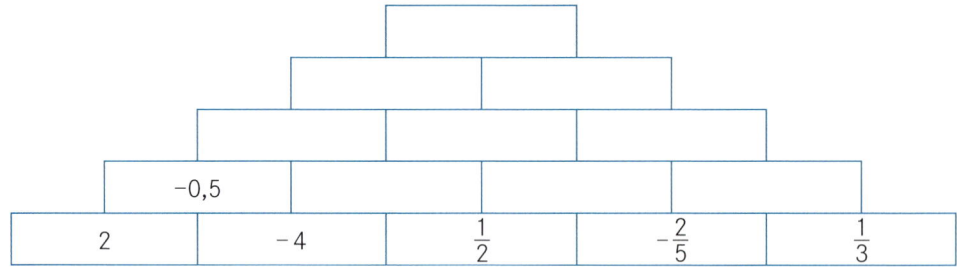

3.5 Rechenausdrücke mit rationalen Zahlen

3.5 Rechenausdrücke mit rationalen Zahlen

WAS DU SCHON KÖNNEN MUSST

▷ Die vier Grundrechenarten im Umgang mit den rationalen Zahlen beherrschen

▷ Die Grundrechenarten für Brüche beherrschen

▷ Brüche erweitern und kürzen

DARUM GEHT ES

Für die rationalen Zahlen gelten einige weitere wichtige Regeln und Gesetze. Diese helfen dir, Rechenvorteile zu nutzen.

DAS MUSST DU WISSEN — Klammerregeln

Für alle rationalen Zahlen a, b und c gilt:

(I) $a + (b + c) = a + b + c$ (Auflösen von Plusklammern)

(II) $a - (b + c) = a - b - c$ (Auflösen von Minusklammern)

Beispiele:

(I) $13 + (17 + 14) = 13 + 17 + 14 = 44$

(II) $3{,}7 - (2{,}3 + 3{,}7) = 3{,}7 - 2{,}3 - 3{,}7 = -2{,}3$

Merke: Ein Minuszeichen vor der Klammer dreht beim Auflösen der Klammer die Vorzeichen in der Klammer um.

Beispiel: $-2{,}8 - (+3{,}2 - 2{,}8) = -2{,}8 - 3{,}2 + 2{,}8$

DAS MUSST DU WISSEN — Distributivgesetz

Für alle rationalen Zahlen a, b und c gilt:

$$a \cdot (b + c) = a \cdot b + a \cdot c \qquad\qquad a \cdot (b - c) = a \cdot b - a \cdot c$$

Wendet man die Gleichung von links nach rechts an, spricht man vom **„Ausmultiplizieren".** Die umgekehrte Umformung heißt **„Ausklammern".**

Beispiele für das Ausmultiplizieren:

$14 \cdot (2 + 100) = 14 \cdot 2 + 14 \cdot 100 = 28 + 1\,400 = 1\,428$

$14 \cdot (2 - 100) = 14 \cdot 2 - 14 \cdot 100 = 28 - 1\,400 = -1\,372$

Beispiele für das Ausklammern:

$-14 \cdot 29 - 14 \cdot 21 = -14 \cdot (29 + 21) = -14 \cdot 50 = -700$

$14 \cdot 34 - 14 \cdot 44 = 14 \cdot (34 - 44) = 14 \cdot (-10) = -140$

Man kann auch das Distributivgesetz für die Division durch eine rationale Zahl benutzen. Dabei muss $c \neq 0$ sein. Dann gilt:

$(a + b) : c = a : c + b : c$.

Beispiel: $(-160 + 84) : 4 = (-160) : 4 + 84 : 4 = -40 + 21 = -19$.

1 Vereinfache.

a) $13 - (24 - 37)$

b) $-0,2 + (3,2 + 0,2 - 1,2)$

c) $1,2 + \left(0,6 - 2,8 + \frac{2}{7}\right)$

d) $\frac{1}{3} - \left(\frac{2}{5} + \frac{2}{3}\right)$

e) $(82 - 72) - [(47 + 59) - 86]$

f) $-2\frac{1}{3} - \left(-\frac{13}{3} + \frac{2}{5}\right)$

2 Berechne durch Ausmultiplizieren.

a) $15 \cdot (20 - 2)$

b) $(3,2 - 16) \cdot 0,5$

c) $\left(-\frac{1}{3}\right) \cdot (81 - 27)$

d) $12 \cdot \left(\frac{1}{4} - \frac{1}{6}\right)$

e) $(-1,6 + 0,05) \cdot (-5)$

f) $\left(-\frac{4}{3}\right) \cdot \left(\frac{15}{4} - 5\right)$

g) $\frac{5}{2} \cdot \left(\frac{3}{10} - \frac{1}{5}\right)$

h) $\left(0,4 - \frac{8}{15}\right) \cdot 1\frac{1}{4}$

3 Berechne durch Ausklammern.

a) $(-13) \cdot 16 + (-13) \cdot 4$

b) $14 \cdot (-27) + 14 \cdot 13$ c) $23 \cdot 0,9 - 0,9 \cdot 20$

d) $(-1,3) \cdot 4,8 - 1,3 \cdot 1,2$

e) $\frac{2}{3} \cdot (-4) - 7 \cdot \frac{2}{3}$

f) $\frac{3}{8} \cdot \frac{2}{3} - \frac{3}{8}$

4 Berechne.

a) $(42 + 56) : 14$

b) $(-1,8 - 5,4) : (-6)$

c) $2,5 \cdot (3,2 - 6,8 + 4,4)$

d) $(-24 + 16 - 48) \cdot \frac{1}{4}$

e) $-2 - \frac{3}{8} \cdot \left[\left(-\frac{4}{5}\right) - \frac{1}{5} \cdot \left(-\frac{3}{2}\right)\right]$

f) $\left(1 - \frac{1}{2} : 3\right) : \left(-\frac{1}{4}\right)$

5 Schreibe als Term und berechne.

a) Multipliziere die Summe von 38 und -16 mit $\frac{1}{2}$.

b) Dividiere die Differenz von $-4,2$ und 28,8 durch 0,4.

Test

1 **Anordnung rationaler Zahlen** |10|

a) Ordne die Zahlen $\frac{3}{5}$; $-1,5$; $\frac{8}{6}$; $0, 7$; -2 nach der Größe.

b) Sortiere die Zahlen aus **a)** nach der Größe ihrer Beträge.

2 **Alter Römer** |10|

Der römische Kaiser Augustus lebte vom 23. 9. 63 v. Chr. bis zum 19. 8. 14 n. Chr.
Wie alt wurde Augustus? (Angabe in Jahren; **Hinweis:** Das Jahr 0 gibt es nicht.)

3 **Berechne.** |10|

a) $(+78) + (-15) - (-32) - (+110)$

b) $1\frac{3}{4} - \left(\frac{5}{7} - 1\frac{1}{4}\right) - \left(\frac{2}{7} + \frac{4}{9}\right)$

c) $17 - [38 - (15 + 13 - 24)]$

d) $0 : \left(-\frac{1}{2}\right)$

e) $|-7| - |4 - 5|$

4 **Benutze das Distributivgesetz (Ausklammern bzw. Ausmultiplizieren) und berechne.** |10|

a) $128 \cdot (-7) + (-7) \cdot (-28)$

b) $\frac{3}{4} \cdot (-2) + \frac{3}{4} \cdot \frac{4}{5}$

c) $(-0,4) \cdot (10 - 2)$

d) $12 \cdot \left(-\frac{1}{3} + \frac{7}{8}\right)$

5 **Entscheide, welches Vorzeichen der Term hat. Bei welchen Termen ist das Vorzeichen nicht eindeutig?** |10|

a	b	c	$a \cdot b \cdot c$	$a - b - c$	$(a + b) : c$
+	+	–			
+	–	–			
–	–	–			

||50||

Wie viele Punkte hast du? Erreichst du mehr als 39 Punkte, beherrschst du den Inhalt des Kapitels wirklich
gut. Erreichst du weniger als 20 Punkte, dann solltest du dieses Kapitel wiederholen.

4.1 Winkelbetrachtungen an Figuren

WAS DU SCHON KÖNNEN MUSST

▷ Sicher mit dem Winkelmesser umgehen

▷ Die Begriffe „parallel" und „senkrecht" verstehen

DARUM GEHT ES

Winkel spielen in der Geometrie eine große Rolle. Hier lernst du verschiedene Winkelbezeichnungen kennen und erfährst, wo diese auftreten.

DAS MUSST DU WISSEN   Winkel an Geradenkreuzungen

Wenn sich zwei Geraden in der Ebene schneiden, so nennt man

▶ zwei gegenüberliegende Winkel **Scheitelwinkel;**

▶ zwei nebeneinanderliegende Winkel **Nebenwinkel.**

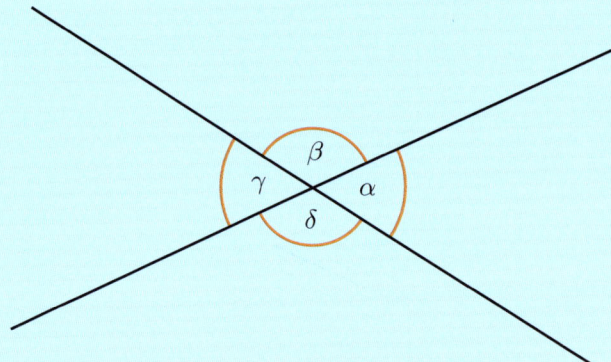

α und γ sowie β und δ sind Scheitelwinkel.

α und β, α und δ, β und γ sowie γ und δ sind jeweils Nebenwinkel.

Scheitelwinkel sind gleich groß.
Nebenwinkel ergänzen sich zu 180°.
Beispiel: 51° + 129° = 180°

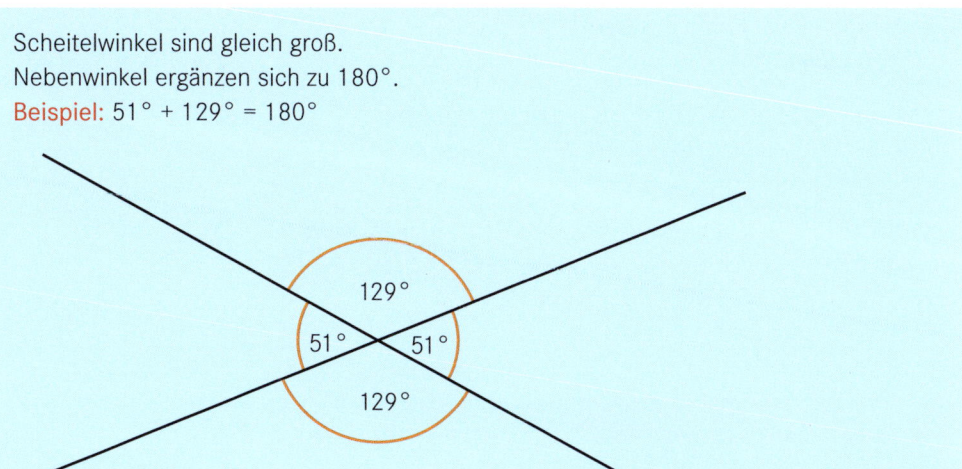

1 Welche der Winkel sind Scheitelwinkel, welche Nebenwinkel?
Berechne die übrigen Winkelgrößen, wenn jeweils ein Winkel gegeben ist.

a) $\alpha_1 = 37°$
b) $\alpha_1 = 155°$
c) $\alpha_3 = 72°$
d) $\alpha_2 = 33°$
e) $\alpha_4 = 104°$

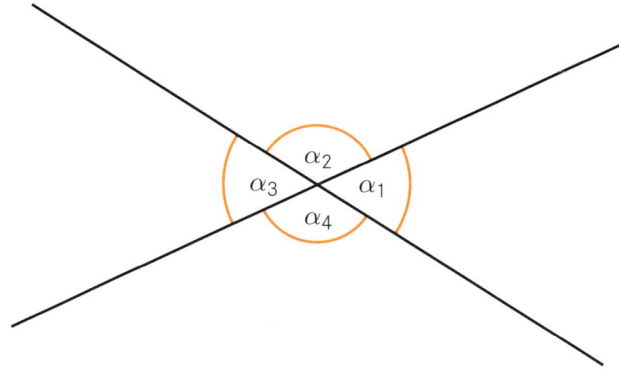

2 Berechne alle Winkel, wenn zwei Winkel gegeben sind.

a) $\alpha = 26°$ und $\varepsilon = 97°$
b) $\gamma = 53°$ und $\delta = 94°$

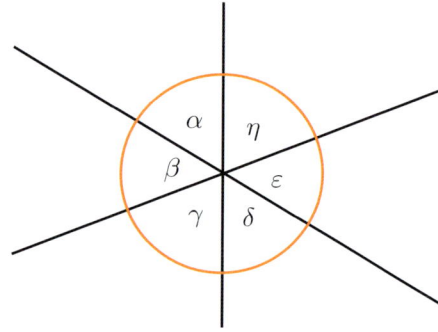

DAS MUSST DU WISSEN   Winkel an Parallelen

Werden in der Ebene zwei parallele Geraden g_1 und g_2 von einer dritten Geraden h geschnitten, so unterscheidet man 8 Winkelfelder und dabei wiederum Stufenwinkel und Wechselwinkel.

Stufenwinkel sind: α_1 und β_1; α_2 und β_2; α_3 und β_3; α_4 und β_4,
Wechselwinkel sind: α_1 und β_3; α_2 und β_4; α_3 und β_1; α_4 und β_2.

$(g_1 \| g_2)$

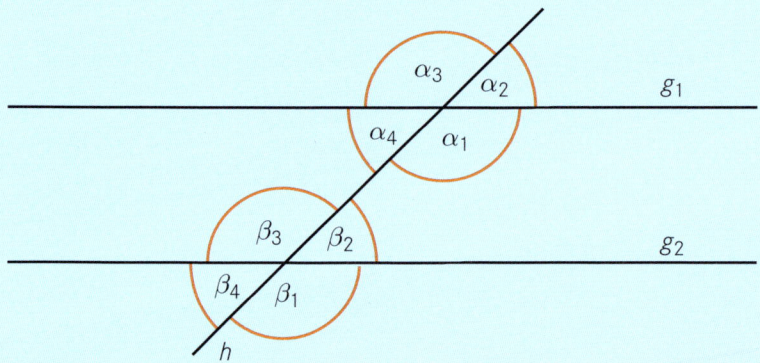

TIPPS UND INFOS

Wechselwinkel „wechseln" die Seite der Schnittgeraden und die Seiten der geschnittenen Geraden. Zeichne zwei parallele Geraden, die von einer dritten Geraden geschnitten werden. Miss die Winkel, die dabei entstehen. Was stellst du fest?

> **DAS MUSST DU WISSEN** Geschnittene Parallelen
>
> Stufenwinkel und Wechselwinkel an geschnittenen Parallelen sind gleich groß.
> Umgekehrt gilt:
> Sind an zwei Geraden Stufenwinkel bzw. Wechselwinkel gleich groß, dann sind die
> Geraden parallel zueinander.

3 Die Geraden g_1 und g_2 sind parallel. Berechne alle Winkel.

a) $\alpha_1 = 73°$
b) $\beta_2 = 110°$

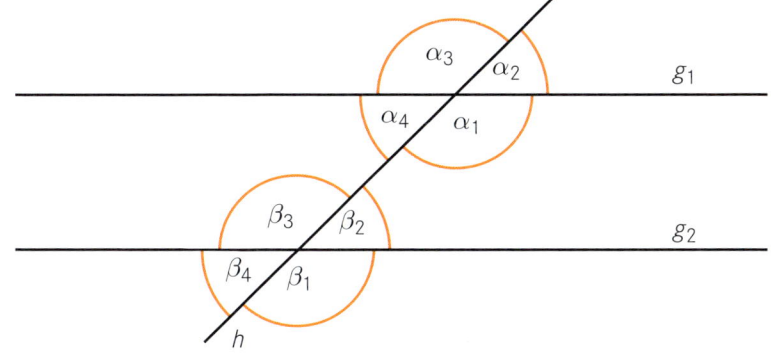

4 Sind die Geraden g_1 und g_2 zueinander parallel? Begründe deine Antwort.

a) $\alpha = 139°$ und $\beta = 41°$
b) $\alpha = 101°$ und $\beta = 80°$
c) $\gamma = 98°$ und $\beta = 82°$
d) $\delta = 12°$ und $\alpha = 88°$
e) $\alpha = \gamma = 110°$ und $\beta = \delta = 70°$
f) $\alpha = \beta = 30°$ und $\gamma = \delta$

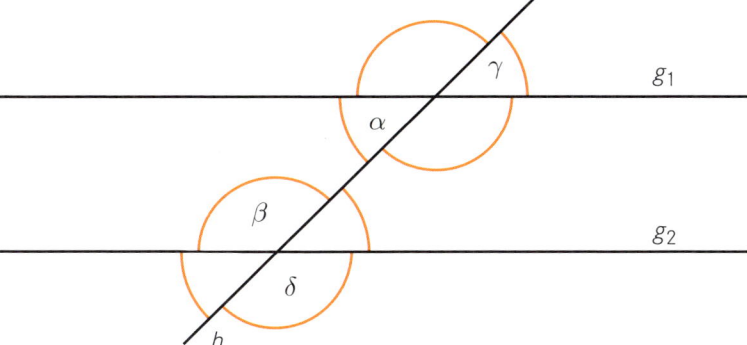

Winkel am und im Dreieck

Die Winkel in einem Dreieck heißen **Innenwinkel** des Dreiecks.
Verlängert man die Seiten eines Dreiecks zu Geraden, so erhält man Nebenwinkel zu den Innenwinkeln. Diese Nebenwinkel heißen **Außenwinkel** des Dreiecks.

Innenwinkelsumme im Dreieck
Regel: Die Summe der Innenwinkel im Dreieck beträgt 180°:
$\alpha + \beta + \gamma = 180°$.

BEISPIEL

α, β und γ sind Innenwinkel des Dreiecks.
α_1, β_1 und γ_1 sowie α_2, β_2 und γ_2 sind Außenwinkel.

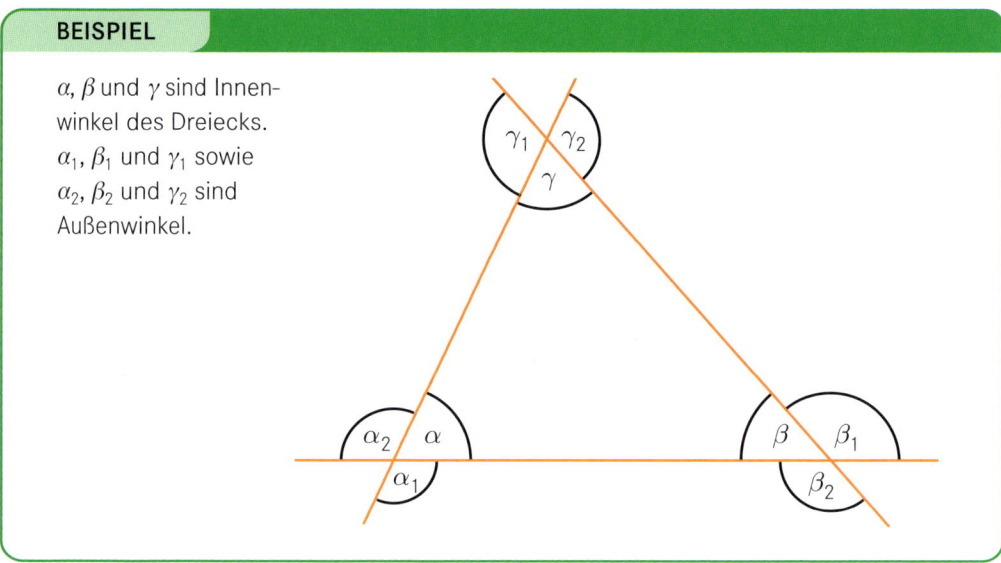

5 Ergänze die Tabelle für die Innenwinkel α, β und γ und die Außenwinkel α_1, β_1 und γ_1.

	α	β	γ	α_1	β_1	γ_1
a)	113°	26°				
b)		69°		111°		
c)			107°		135°	
d)	65°					120°

DAS MUSST DU WISSEN **Winkelsumme im Viereck**

Regel: Die Summe der Innenwinkel im Viereck beträgt 360°.

Beispiel:
Berechne die fehlende Winkelgröße in diesem Viereck.
360° − 119° − 105° − 61° = 75°
Die fehlende Winkelgröße beträgt 75°.

6 Berechne die rot markierten Viereckswinkel.

a)
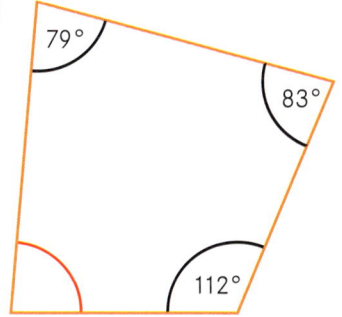

b)
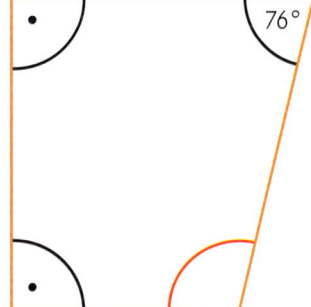

7 **Innenwinkelsumme von Vielecken**
Ein Schüler behauptet, dass sich die Innenwinkelsumme jedes n-Ecks nach der Formel $(n − 2) \cdot 180°$ berechnen lässt. Zeichne ein 5-Eck, 6-Eck … und überprüfe die Aussage. Berechne die Innenwinkelsumme für ein 28-Eck.

4.2 Kongruenz und Kongruenzsätze

▷ Einigermaßen sicher Winkel und Längen konstruieren können

▷ Wissen, wie die Bezeichnungen in einem Dreieck festgelegt sind

▷ Wissen, was eine Mittelsenkrechte, Seitenhalbierende und Winkelhalbierende ist und wie diese konstruiert werden

Zur Erinnerung: Zwei Figuren heißen kongruent, wann man sie mit einer oder mehreren Achsenspiegelungen, Verschiebungen, Punktspiegelungen oder Drehungen aufeinander abbilden kann.

DARUM GEHT ES

Dreiecke lassen sich aus wenigen vorgegebenen Größen mit Zirkel und Lineal konstruieren. Es treten vier Fälle von jeweils kongruenten Dreiecken auf. Du lernst nun diese zu unterscheiden und anzuwenden.

DAS MUSST DU WISSEN — **Kongruenzsatz SSS**

Stimmen Dreiecke in allen drei Seiten überein, so sind sie zueinander kongruent.

Beispiele:

Entscheide, ob die beiden Dreiecke ABC und PQR zueinander kongruent sind.

a) $\overline{AB}$ = 5 cm; $\overline{BC}$ = 4 cm; $\overline{AC}$ = 3 cm; $\overline{PQ}$ = 3 cm; $\overline{QR}$ = 5 cm; $\overline{PR}$ = 4 cm.

Lösung: Die beiden Dreiecke ABC und PQR sind zueinander kongruent, weil $\overline{AB}$ = $\overline{QR}$ und $\overline{BC}$ = $\overline{PR}$ und $\overline{AC}$ = $\overline{PQ}$.

b) $\overline{AB}$ = 5 cm; $\overline{BC}$ = 4 cm; $\overline{AC}$ = 3 cm; $\overline{PQ}$ = 3 cm; $\overline{QR}$ = 5 cm; $\overline{PR}$ = 7 cm

Lösung: Die beiden Dreiecke sind nicht kongruent zueinander, weil $\overline{BC}$ = 4 cm und das Dreieck PQR keine Seite mit der Länge 4 cm besitzt.

DAS MUSST DU WISSEN — **Dreieckskonstruktion SSS**

▶ Gegeben sind die drei Seiten $\overline{AB}$ = 5 cm; $\overline{BC}$ = 4 cm; $\overline{AC}$ = 3 cm.

▶ Skizziere zuerst ein beliebiges Dreieck. Ein solches Dreieck nennen wir fortan **Planfigur.** Die Planfigur hilft dir, bei der Konstruktion einen besseren Überblick zu behalten.

▶ Markiere farbig in die Planfigur, welche Angaben gegeben sind. In diesem Fall sind es die drei Dreieckseiten.

Planfigur SSS

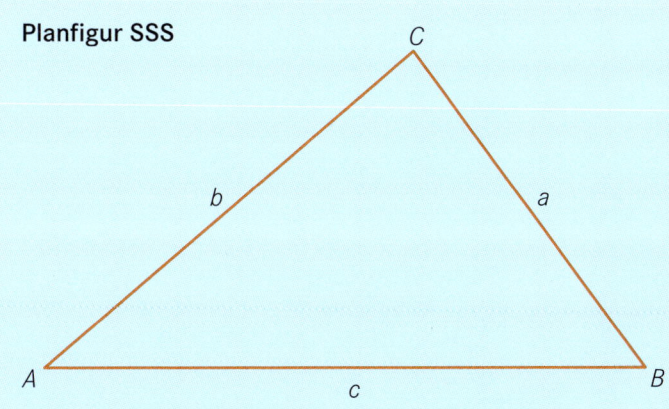

Konstruktionsbeschreibung:
(1) Zeichne die Strecke $\overline{AB}$. (2) Schlage einen Kreisbogen um B mit dem Radius von $\overline{BC}$. (3) Schlage einen Kreisbogen um A mit der Länge von $\overline{AC}$. (4) Markiere den Schnittpunkt als Punkt C. (5) Verbinde die Eckpunkte des Dreiecks.

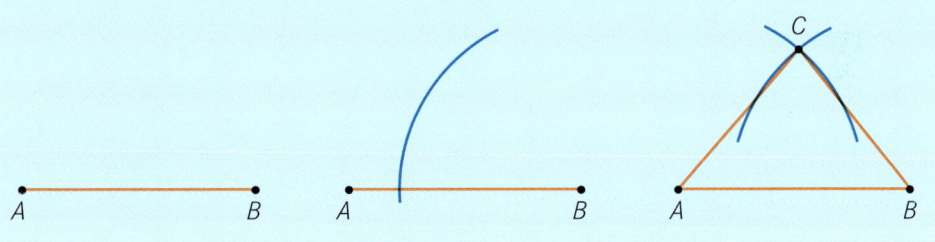

1 Konstruiere das Dreieck und miss die Größe der entstandenen Winkel.

   a) $\overline{AB}$ = 6 cm; $\overline{BC}$ = 4 cm; $\overline{AC}$ = 3 cm
   b) $\overline{AB}$ = 5 cm; $\overline{BC}$ = 4,5 cm; $\overline{AC}$ = 3,3 cm
   c) $\overline{PQ}$ = 3,5 cm; $\overline{QR}$ = 5,4 cm; $\overline{PR}$ = 0,4 dm
   d) a = 7 cm; b = 4,8 cm; c = 5,5 cm
   e) a = 0,3 dm; b = 65 mm; c = 4 cm

2 Entscheide, ob die beiden Dreiecke *ABC* und *PQR* zueinander kongruent sind.

   a) $\overline{AB}$ = 6 cm; $\overline{BC}$ = 4 cm; $\overline{AC}$ = 3 cm; $\overline{PQ}$ = 3 cm; $\overline{QR}$ = 5 cm; $\overline{PR}$ = 6 cm
   b) $\overline{AB}$ = 5 cm; $\overline{BC}$ = 7,2 cm; $\overline{AC}$ = 3 cm; $\overline{PQ}$ = 3 cm; $\overline{QR}$ = 5 cm; $\overline{PR}$ = 7,2 cm

3 Welche Dreiecke sind zueinander kongruent?

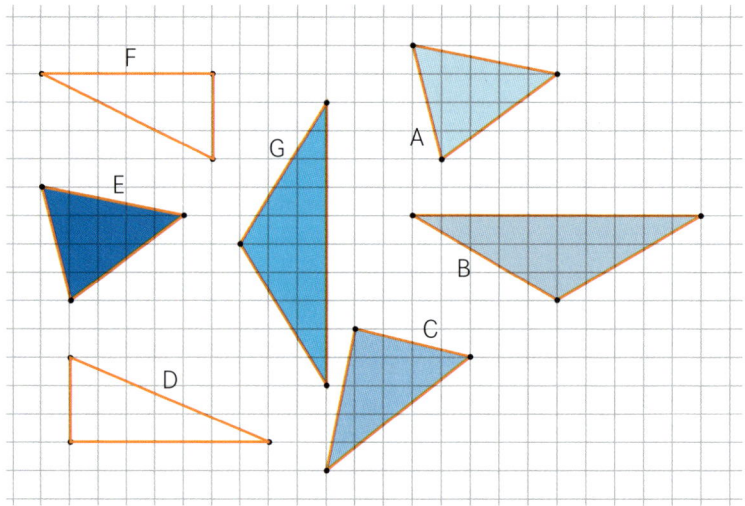

4 Wie hoch ist das Haus?

Ein Haus hat eine Breite von 8 Metern. Bis zum
Beginn der Dachschräge ist es 4 Meter hoch.
Welche Höhe hat das Haus insgesamt?
Erstelle dazu eine Zeichnung in einem geeigneten
Maßstab und miss die Höhe.

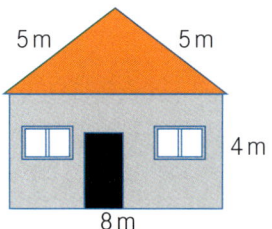

TIPPS UND INFOS Unmögliche Konstruktionen

Es lässt sich nicht immer aus drei Längenangaben automatisch ein Dreieck konstruieren. Die folgende Regel hilft zu entscheiden, wann eine Konstruktion möglich ist.

DAS MUSST DU WISSEN Dreiecksungleichung

In jedem Dreieck ist die Summe je zweier Seitenlängen stets größer als die dritte
Seitenlänge. Es gilt:

$$a + b > c \qquad a + c > b \qquad b + c > a.$$

BEISPIEL

Entscheide, ob das Dreieck ABC mit den gegebenen Angaben konstruierbar ist.

a) $a = 5\,cm$; $b = 3\,cm$; $c = 3,5\,cm$

Lösung: $5\,cm + 3\,cm > 3,5\,cm$; $5\,cm + 3,5\,cm > 3\,cm$; $3\,cm + 3,5\,cm > 5\,cm$.

Alle drei Ungleichungen sind erfüllt, also ist das Dreieck konstruierbar.

b) $a = 2,5\,cm$; $b = 5,8\,cm$; $c = 3,2\,cm$

Lösung: $2,5\,cm + 5,8\,cm > 3,2\,cm$ aber: $2,5\,cm + 3,2\,cm < 5,8\,cm$

Aus den Angaben lässt sich kein Dreieck konstruieren.

---

5 Konstruiere aus den gegebenen Seitenlängen ein Dreieck.
Prüfe zunächst, ob die Konstruktion möglich ist.

a) $a = 8\,cm$; $b = 3\,cm$; $c = 4,5\,cm$

b) $a = 4,5\,cm$; $b = 3,8\,cm$; $c = 70\,mm$

c) $\overline{AB} = 6\,cm$; $\overline{BC} = 4,5\,cm$; $\overline{AC} = 3,5\,cm$

d) $\overline{AB} = 7\,cm$; $\overline{BC} = 4\,cm$; $\overline{AC} = 3\,dm$

DAS MUSST DU WISSEN   **Kongruenzsatz WSW**

Stimmen zwei Dreiecke in einer Seite und den beiden Winkeln an dieser Seite überein, so sind sie **kongruent** zueinander.

Beispiele:

Entscheide, ob die beiden Dreiecke ABC und $A'B'C'$ zueinander kongruent sind.

a) $\overline{AB} = 6\,cm$; $\alpha = 45°$; $\beta = 50°$ und $\overline{A'B'} = 6\,cm$; $\alpha' = 45°$; $\beta' = 55°$.

Lösung: Die beiden Dreiecke sind nicht kongruent zueinander, weil $\beta \neq \beta'$.

b) $a = 5\,cm$; $\beta = 15°$; $\gamma = 110°$ und $a' = 5\,cm$; $\beta' = 15°$; $\gamma' = 110°$.

Lösung: Die beiden Dreiecke ABC und $A'B'C'$ sind zueinander kongruent, weil sie in einer Seite und zwei anliegenden Winkeln übereinstimmen.

DAS MUSST DU WISSEN   **Dreieckskonstruktion WSW**

Gegeben sind: $\overline{AB} = 5\,cm$; $\alpha = 45°$; $\beta = 50°$.

▶ Skizziere zuerst ein beliebiges Dreieck.

▶ Markiere farbig in die **Planfigur,** welche Angaben gegeben sind. In diesem Fall sind es die Dreieckseite $\overline{AB}$ und die Winkel α und β.

Planfigur WSW

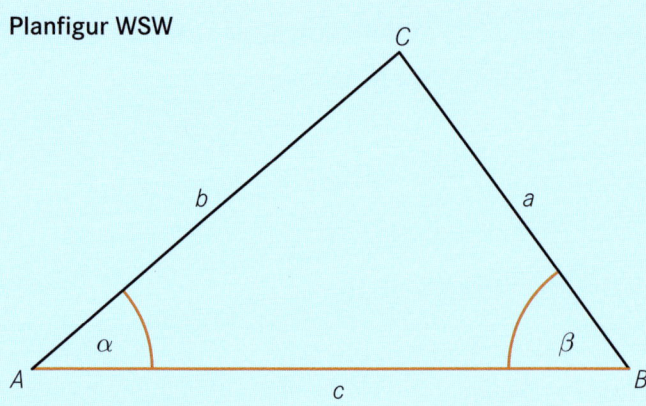

Konstruktionsbeschreibung:

(1) Zeichne die Strecke $\overline{AB}$. (2) Trage den Winkel α an Punkt A an. (3) Trage den Winkel β an Punkt B an. (4) Verlängere die beiden angetragenen Schenkel der Winkel α und β bis diese sich schneiden. Dort liegt Punkt C.

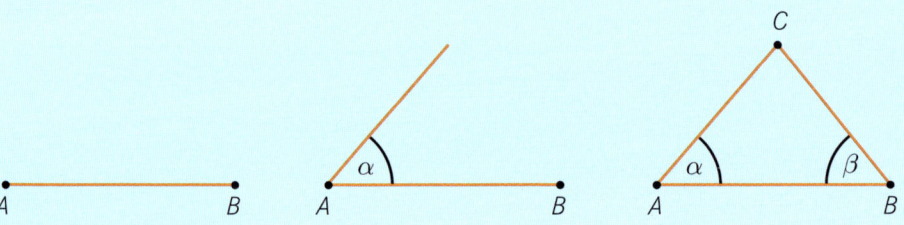

TIPPS UND INFOS

Der Kongruenzsatz WSW lässt sich auch verallgemeinern. Stimmen zwei Dreiecke in einer Seite und zwei beliebige Winkeln überein, so sind sie kongruent zueinander. Der dritte fehlende Winkel kann über die Winkelsumme des Dreiecks ausgerechnet werden (Kongruenzsatz SWW).

Beispiel:

Gegeben sind: $\overline{AB}$ = 5 cm; α = 45°; γ = 55°.

β = 180° − 45° − 55° = 80°

Damit lässt sich das Dreieck eindeutig konstruieren.

6 Entscheide, ob die beiden Dreiecke ABC und $A'B'C'$ zueinander kongruent sind.

a) $\overline{AB}$ = 4,5 cm; α = 45°; β = 85° und $\overline{A'B'}$ = 4,5 cm; α' = 45°; β' = 85°

b) a = 5 cm; α = 55°, β = 15°; und a' = 5 cm; β' = 15°; γ' = 110°

c) $\overline{BC}$ = 6,3 cm; α = 45°; β = 85° und $\overline{B'C'}$ = 6,5 cm; α' = 45°; β' = 85°

d) c = 2,5 cm; α = 25°; β = 57° und b' = 2,5 cm; α = 25°; β = 57°

7 Ergänze die Tabelle so, dass die Dreiecke alle zueinander kongruent sind.

Dreieck	Seite	Winkel	Winkel
ABC	$\overline{AB}$ = 5,7 cm	α =	β = 40°
$A'B'C'$	$\overline{B'C'}$ = 5,7 cm	β' = 55°	γ' =
$A''B''C''$	$\overline{A''B''}$ = 5,7 cm	α'' =	γ'' = 85°

8 Konstruiere ein Dreieck mit folgenden Angaben. Erstelle zuerst eine Planfigur.

a) c = 5 cm; α = 60°; β = 40°

b) $\overline{BC}$ = 6,3 cm; β = 35°; γ = 100°

c) a = 5,5 cm; γ = 81°; β = 44°

d) $\overline{AB}$ = 8 cm; α = 90°; β = 27°

9 **Ein Turm als Dreiecksseite**

Ein Betrachter steht 60 Meter von einem Turm entfernt und sieht die Turmspitze unter einem Winkel von 35°. Wie hoch ist der Turm, wenn der Betrachter aus einer Höhe von 1,70 m den Turm anschaut? Konstruiere ein Dreieck ABC in einem geeigneten Maßstab.

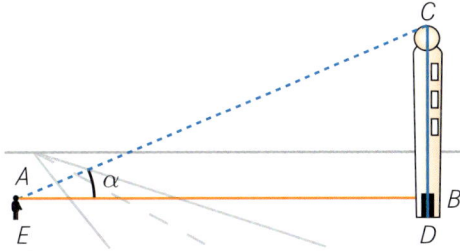

10 **Drachensteigen**

Wie hoch kann man einen Drachen steigen lassen, wenn die Drachenschnur 50 m lang ist und der Winkel 65° beträgt? Fertige eine Zeichnung an.

DAS MUSST DU WISSEN | **Kongruenzsatz SWS**

Stimmen zwei Dreiecke in zwei Seiten und dem eingeschlossenen Winkel überein, so sind sie zueinander **kongruent**.

Beispiele:

Entscheide, ob die beiden Dreiecke ABC und $A'B'C'$ zueinander kongruent sind.

a) $\overline{AB}$ = 6 cm; $\overline{BC}$ = 4 cm; β = 50° und $A'B'$ = 6 cm; $B'C'$ = 4 cm; β' = 50°

Lösung: Die beiden Dreiecke ABC und $A'B'C'$ sind zueinander kongruent, weil sie in zwei Seiten und dem eingeschlossenen Winkel übereinstimmen.

b) a = 5 cm; c = 7,2 cm; β = 77° und a' = 5,5 cm; c' = 7, 2 cm; β' = 77°

Lösung: Die beiden Dreiecke sind nicht zueinander kongruent, da $a \neq a'$.

DAS MUSST DU WISSEN | **Dreieckskonstruktion SWS**

Konstruktion eines Dreiecks, wenn zwei Seiten und der eingeschlossene Winkel gegeben sind

Gegeben sind: $\overline{AB}$ = 5 cm; $\overline{AC}$ = 4,5 cm; α = 40°

▶ Skizziere zuerst ein beliebiges Dreieck.

▶ Markiere farbig in die **Planfigur,** welche Angaben gegeben sind. In diesem Fall sind es die Dreiecksseiten $\overline{AB}$ und $\overline{AC}$ und der Winkel α.

Planfigur SWS

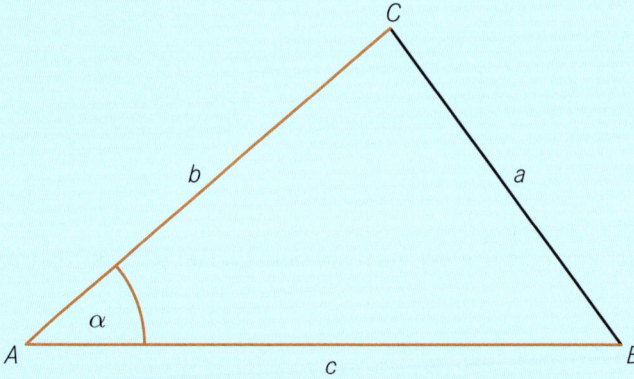

Konstruktionsbeschreibung:

(1) Zeichne die Strecke $\overline{AB}$. (2) Trage den Winkel α an Punkt A an. (3) Schlage mit dem Zirkel einen Kreisbogen um Punkt A mit dem Radius der Länge von b. (4) Markiere den Schnittpunkt als Punkt C. (5) Verbinde Punkt C mit dem Eckpunkt B.

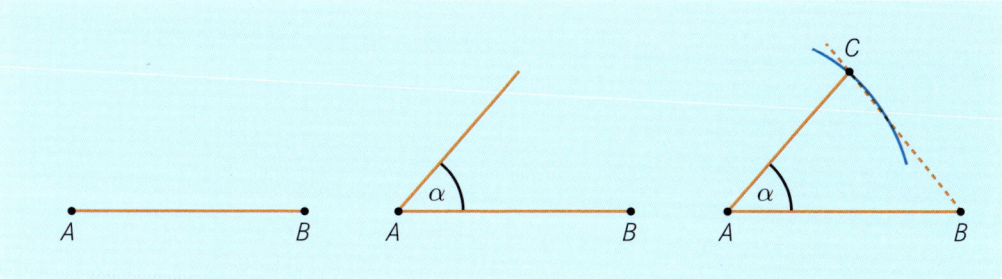

11 Entscheide, ob die beiden Dreiecke ABC und $A'B'C'$ zueinander kongruent sind.

    a) $\overline{AB}$ = 6 cm; $\overline{BC}$ = 4 cm; β = 50° und $A'B'$ = 4 cm; $B'C'$ = 6 cm; β' = 50°

    b) a = 5,5 cm; c = 7 cm; β = 57° und a' = 5,5 cm; c' = 7 cm; β' = 57°

12 Ergänze die Tabelle so, dass die Dreiecke alle zueinander kongruent sind.

Dreieck	Seite	Seite	Winkel
ABC	$\overline{AB}$ = 3,9 cm		β = 40°
$A'B'C'$		$\overline{A'C'}$ = 4,3 cm	γ' = 40°
$A''B''C''$	$\overline{A''B''}$ = 4,3 cm	$\overline{A''C''}$ = 3,9 cm	

13 Konstruiere ein Dreieck mit folgenden Angaben. Erstelle zuerst eine Planfigur.

    a) a = 7 cm; c = 5 cm; β = 40°

    b) $\overline{AB}$ = 4,5 cm; $\overline{BC}$ = 6 cm; β = 105°

    c) b = 5,5 cm; c = 3,8 cm; α = 55°

    d) $\overline{AC}$ = 44 mm; $\overline{BC}$ = 6,3 cm; γ = 57°

14 Konstruiere ein gleichschenkliges Dreieck ABC mit dem Winkel γ an der Spitze.

    a) γ = 120°, Schenkellänge: 4 cm

    b) γ = 55°, Schenkellänge: 5,5 cm

15 **Langer Schatten**
Ein 6 m hoher Baum wirft einen 5 m langen Schatten. Unter welchem Winkel trifft das Sonnenlicht den Boden (Skizze nicht maßstäblich)?

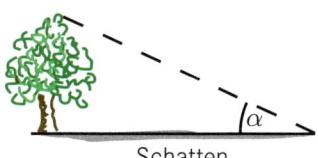

Schatten

DAS MUSST DU WISSEN   **Kongruenzsatz SSW**

Stimmen Dreiecke in zwei Seiten und dem Gegenwinkel der größeren Seite überein, so sind sie **kongruent** zueinander.

Beispiele:

Entscheide, ob die beiden Dreiecke ABC und $A'B'C'$ zueinander kongruent sind.

a) $\overline{AB}$ = 6 cm; $\overline{BC}$ = 4 cm; γ = 50° und $\overline{A'B'}$ = 6 cm; $\overline{B'C'}$ = 4 cm; γ' = 50°

Lösung: Die beiden Dreiecke ABC und $A'B'C'$ sind zueinander kongruent, weil sie in zwei Seiten übereinstimmen und der gegebene Winkel der längeren Seite gegenüberliegt.

b) a = 5 cm; c = 4,2 cm; α = 77° und a' = 5,5 cm; c' = 4, 2 cm; α' = 77°

Lösung: Die beiden Dreiecke sind nicht zueinander kongruent, da $a \neq a'$.

DAS MUSST DU WISSEN   **Dreieckskonstruktion SSW**

Konstruktion eines Dreiecks, wenn zwei Seiten und der Gegenwinkel der größeren Seite gegeben sind

Gegeben sind: $\overline{AC}$ = 4,5 cm; $\overline{BC}$ = 5 cm; α = 40°

▶ Skizziere zuerst ein beliebiges Dreieck.

▶ Markiere farbig in die **Planfigur,** welche Angaben gegeben sind. In diesem Fall sind es die Dreiecksseiten $\overline{AC}$ und $\overline{BC}$ und der Winkel α.

Planfigur SSW

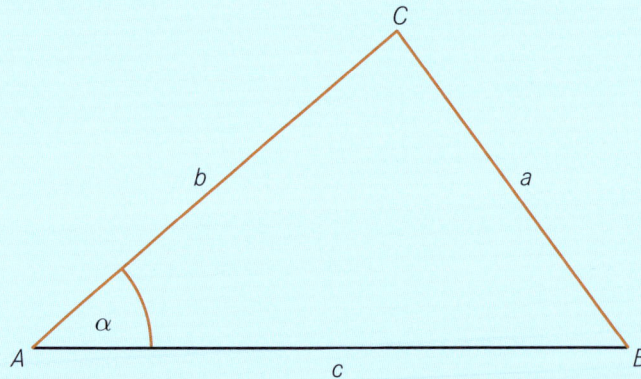

Konstruktionsbeschreibung:

(1) Trage den Winkel α an Punkt A an. (2) Trage mit dem Zirkel die Länge der Strecke $\overline{AC}$ ab und markiere den Punkt C. (3) Schlage um Punkt C einen Kreisbogen mit der Länge der Strecke $\overline{BC}$. (4) Markiere den Schnittpunkt mit dem Schenkel des Winkels α. Dort liegt Punkt B. (5) Verbinde Punkt B mit Punkt C.

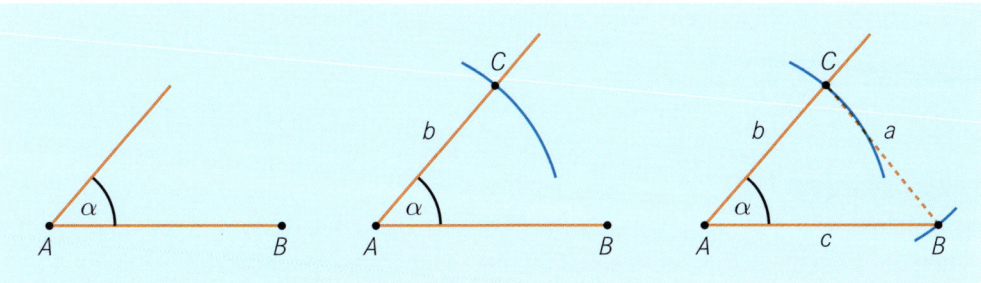

TIPPS UND INFOS   **Nicht eindeutig!**

Konstruiere ein Dreieck ABC mit folgenden Angaben: b = 5 cm; a = 4 cm und α = 30°. Was stellst du bei der Konstruktion fest?

Dreiecke, die aus zwei gegebenen Seiten und dem Winkel konstruiert werden, welcher der kürzeren Seite gegenüberliegt, sind **nicht** immer kongruent. Die Konstruktion ist dann nicht eindeutig.

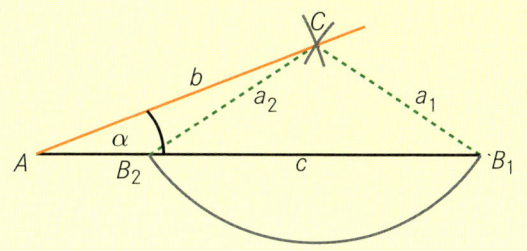

16 Entscheide, ob die beiden Dreiecke ABC und $A'B'C'$ zueinander kongruent sind.

a) $\overline{AC}$ = 6 cm; $\overline{BC}$ = 4,7 cm; γ = 80° und $\overline{A'B'}$ = 4,7 cm; $\overline{B'C'}$ = 6 cm; γ' = 80°

b) a = 5,5 cm; c = 7 cm; γ = 57° und a' = 5,5 cm; c' = 7 cm; γ' = 57°

c) $\overline{AB}$ = 5 cm; $\overline{BC}$ = 3,6 cm; γ = 80° und $\overline{A'B'}$ = 5 cm; $\overline{B'C'}$ = 3,6 cm; γ' = 80°

17 Konstruiere die Dreiecke ABC aus den gegebenen Größen. Erstelle zuvor eine Planfigur und entscheide, ob die Konstruktion eindeutig möglich ist.

a) a = 8 cm; α = 45°; c = 4 cm   b) b = 8 cm; a = 7 cm; β = 75°

c) $\overline{AB}$ = 4 cm; $\overline{BC}$ = 6 cm; γ = 40°   d) $\overline{AC}$ = 68 mm; $\overline{BC}$ = 6,6 cm; β = 60°

18 Tunnelbau

Von A nach B soll ein Straßentunnel gebaut werden. Die Längen von A nach C und von B nach C sind bekannt. Konstruiere im Maßstab 1 : 100 000 das Dreieck ABC und bestimme die Länge des Tunnels.

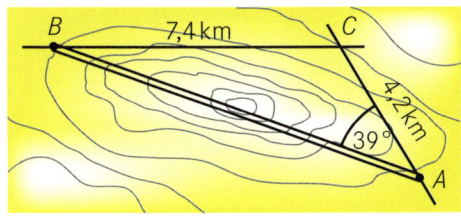

4.3 Konstruktion von Vierecken

▷ Einigermaßen sicher mit den Kongruenzsätzen umgehen können und die entsprechenden Konstruktionen beherrschen

Vierecke spielen neben Dreiecken eine wichtige Rolle. Sicherlich ist dir bei Fachwerkhäusern aufgefallen, dass die Balken häufig eine Dreiecks- oder Vierecksform bilden. Eine besondere Rolle spielen Vierecke mit bestimmten Eigenschaften, wie beispielsweise das Parallelogramm oder das Trapez. Hier erfährst du, unter welchen Bedingungen Vierecke eindeutig konstruierbar sind.

DAS MUSST DU WISSEN **Viereckskonstruktion**

Zur eindeutigen Konstruktion eines Vierecks sind **fünf** geeignete Angaben notwendig.

Beispiel:

Konstruiere ein Viereck mit folgenden Angaben:

$\overline{AC}$ = 5 cm; $\sphericalangle ACB$ = 35°; $\sphericalangle BAC$ = 85°; $\sphericalangle CAD$ = 65° und $\sphericalangle ADC$ = 70°

Zeichne eine **Planfigur,** in der du alle dir bekannten Angaben markierst, bevor du mit der Konstruktion beginnst.

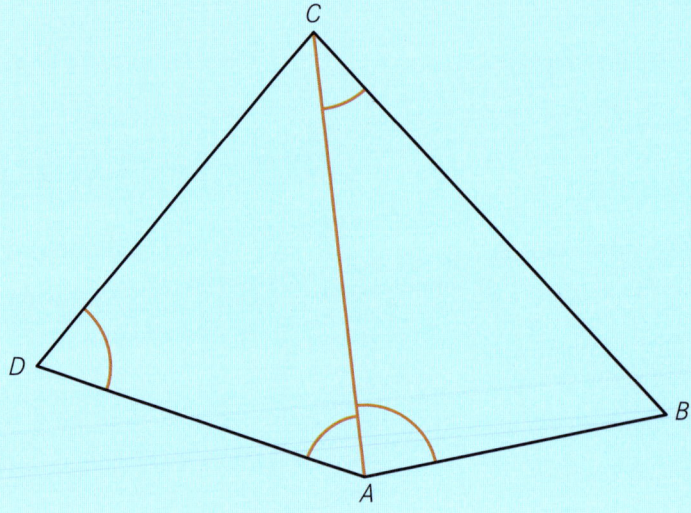

TIPPS UND INFOS — **Vierecke und Dreiecke**

Die Viereckskonstruktion lässt sich auf die Kongruenzsätze zurückführen. Jedes Viereck kannst du in zwei Teildreiecke unterteilen: das Dreieck *ABC* und das Dreieck *ACD*. Zeichne zuerst die Strecke $\overline{AC}$. Danach konstruiere die Teildreiecke *ABC* und *ACD* mithilfe des Kongruenzsatzes WSW.

1 Konstruiere ein Viereck *ABCD* mit nachfolgenden Angaben. Zeichne zuerst eine Planfigur.

a) $\overline{AB}$ = 4 cm; $\overline{BC}$ = 3,5 cm; $\overline{CD}$ = 2,5 cm; $\overline{AD}$ = 5,5 cm; $\overline{AC}$ = 5 cm
b) $\overline{AC}$ = 5,5 cm; ∢ *ACB* = 35°; ∢ *BAC* = 75°; ∢ *CAD* = 65° und ∢ *ADC* = 50°
c) $\overline{AB}$ = 6 cm; $\overline{BC}$ = 3 cm; $\overline{CD}$ = 2,5 cm; ∢ *CBA* = 110°; ∢ *DCA* = 45°

DAS MUSST DU WISSEN — **Spezielle Vierecke**

Bei speziellen Vierecken kann man auch mit weniger als fünf Angaben auskommen.
Beispiele:
Parallelogramm   achsensymmetrisches Trapez

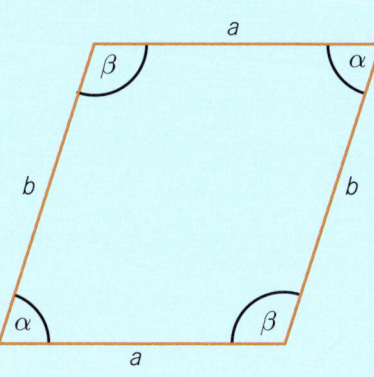
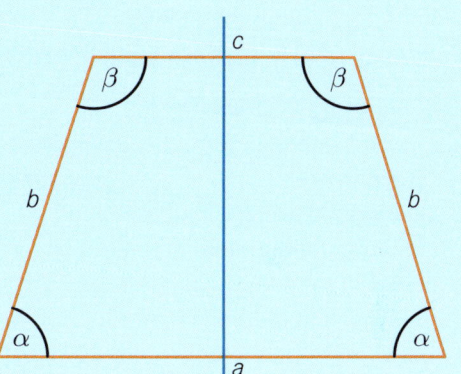

2 Konstruiere ein Parallelogramm mit folgenden Angaben.

a) *a* = 7 cm; *b* = 3,5 cm; α = 65°
b) *a* = 5,5 cm; *b* = 4 cm; β = 120°

3 Konstruiere ein achsensymmetrisches Trapez (*a* ∥ *c*) mit folgenden Angaben.

a) *a* = 5 cm; *b* = 3 cm; α = 45°
b) *b* = 4,5 cm; *c* = 3 cm; β = 110°

4 Begründe mithilfe der Kongruenzsätze, welche Teildreiecke in den abgebildeten Vierecken zueinander kongruent sind.

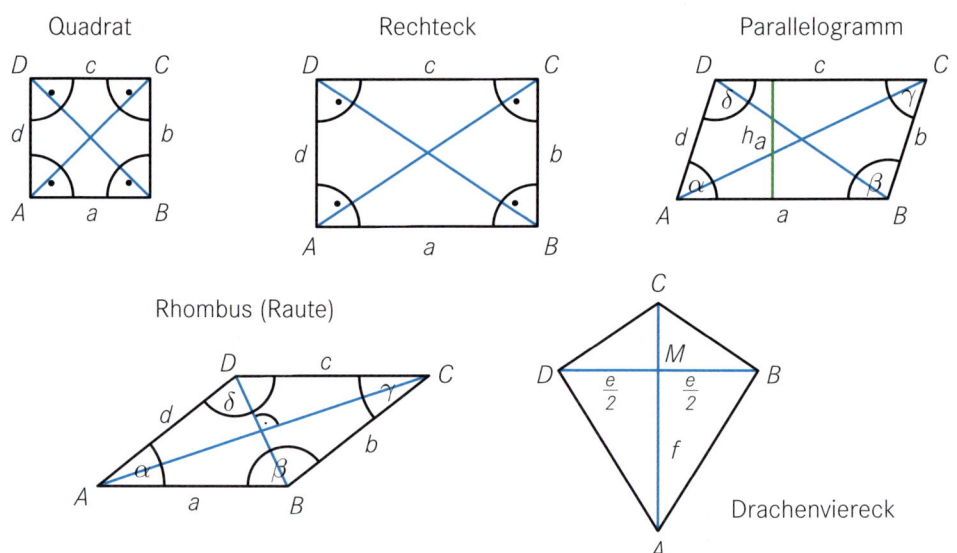

Quadrat

Rechteck

Parallelogramm

Rhombus (Raute)

Drachenviereck

4.4 Besondere Linien und Punkte im Dreieck

WAS DU SCHON KÖNNEN MUSST

▷ Die folgenden **besonderen Linie**n im Dreieck kennen:
  – Die **Höhe** in einem Dreieck ist eine Strecke, die senkrecht auf einer Seite steht und durch den gegenüberliegenden Punkt verläuft.
  – Die **Seitenhalbierende** in einem Dreieck ist eine Strecke, die den Mittelpunkt einer Dreiecksseite mit dem gegenüberliegenden Punkt verbindet.
  – Die **Winkelhalbierende** in einem Dreieck ist eine Gerade, die durch den Scheitel verläuft und den Winkel halbiert.

DARUM GEHT ES

Mit den Kongruenzsätzen kannst du anhand von Winkelmaßen und Seitenlängen entscheiden, ob ein Dreieck konstruierbar ist. Es gibt noch weitere Linien am Dreieck, die besondere Eigenschaften besitzen und mit deren Angabe sich auch Dreiecke konstruieren lassen.

DAS MUSST DU WISSEN   Linien am Dreieck

Präge dir die Eigenschaften von Winkelhalbierender w_α, Seitenhalbierender s_b und Höhe h_c durch folgende Grafik ein:

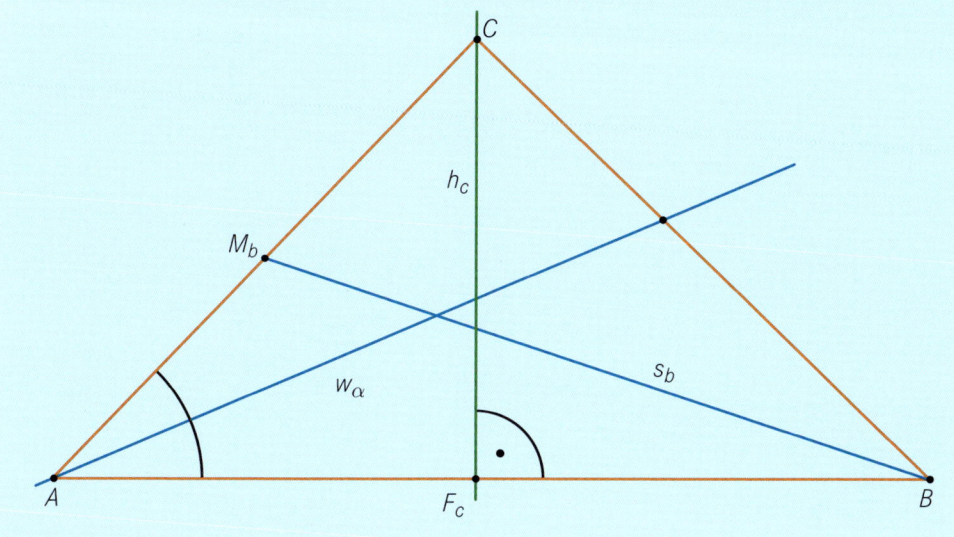

1 Konstruiere ein Dreieck *ABC* mit folgenden Angaben. Erstelle zunächst eine Planfigur.

a) $\overline{AC} = 6\,\text{cm}$; $\alpha = 80°$; $w_\alpha = 5{,}5\,\text{cm}$

b) $\overline{AC} = 5{,}5\,\text{cm}$; $\overline{BC} = 4{,}5\,\text{cm}$; $s_b = 4{,}7\,\text{cm}$

c) $\overline{AB} = 4\,\text{cm}$; $\overline{BC} = 3{,}5\,\text{cm}$; $h_c = 3{,}3\,\text{cm}$

d) $h_c = 4\,\text{cm}$; $s_c = 4{,}2\,\text{cm}$; $a = 6\,\text{cm}$

e) $\beta = 50°$; $\gamma = 45°$; $w_\beta = 5{,}8\,\text{cm}$

4.4.1 Umkreis – Konstruktion der Mittelsenkrechten

DAS MUSST DU WISSEN   **Mittelpunkt des Umkreises**

In jedem Dreieck schneiden sich die **Mittelsenkrechten** der drei Dreiecksseiten in einem Punkt U. Dieser Punkt hat von allen drei Ecken des Dreiecks den gleichen Abstand. Man nennt ihn den **Umkreismittelpunkt**.

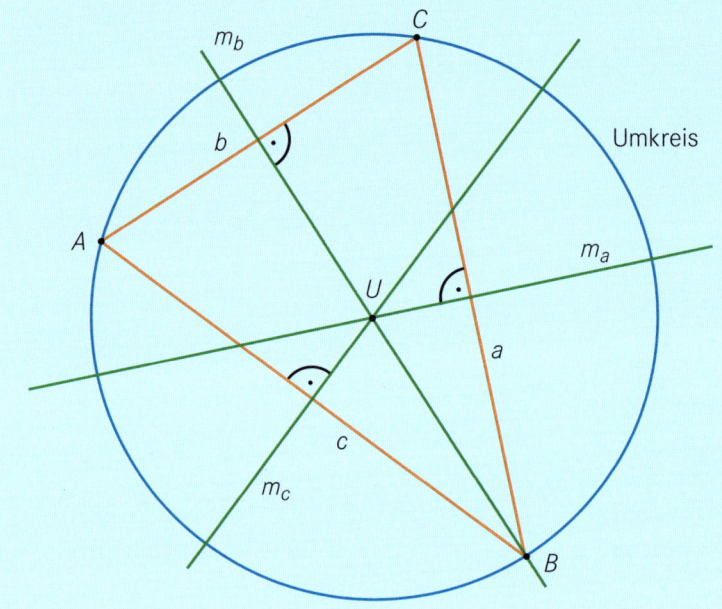

① Konstruiere bei den folgenden Dreiecken den Umkreis.

	$\overline{AB}$	$\overline{BC}$	$\overline{AC}$	α	β	γ
a)	6,2 cm		5,4 cm	55°		
b)		5,5 cm	7 cm		45°	
c)	7 cm	6 cm	5 cm			
d)	6 cm	4 cm				90°

② Konstruiere ein Dreieck ABC mit dem Umkreisradius $r = 4$ cm.

   a) $c = 4$ cm; $b = 5$ cm
   b) $c = 6$ cm; $\alpha = 65°$

3 Umkreismittelpunkt

Zeichne a) ein spitzwinkliges, b) ein rechtwinkliges, c) ein stumpfwinkliges Dreieck und konstruiere den Umkreis. Wo liegt der Umkreismittelpunkt U?

4 Kreis und Dreieck

Zeichne die Punkte $A(0|0)$; $B(6|2)$ und $C(5|7)$. Konstruiere einen Kreis, der durch drei Punkte geht. Wo liegt U?

5 Eisiges Depot

In der Antarktis befinden sich die Forschungsstationen A, B und C. Für ihre Entfernungen gilt $|AB| = 8\,\text{km}$; $|BC| = 7{,}5\,\text{km}$; $|AC| = 9\,\text{km}$. Es soll ein Verpflegungsdepot angelegt werden, von dem aus die drei Stationen versorgt werden können. Das Depot soll von den Stationen gleich weit entfernt sein. Bestimme diese Entfernung.

4.4.2 Inkreis − Konstruktion der Winkelhalbierenden

DAS MUSST DU WISSEN   **Mittelpunkt des Inkreises**

In jedem Dreieck schneiden sich die **Winkelhalbierenden** der drei Innenwinkel in einem Punkt I. Dieser Punkt hat von allen drei Seiten des Dreiecks den gleichen Abstand. Man nennt ihn den **Inkreismittelpunkt** des Dreiecks.

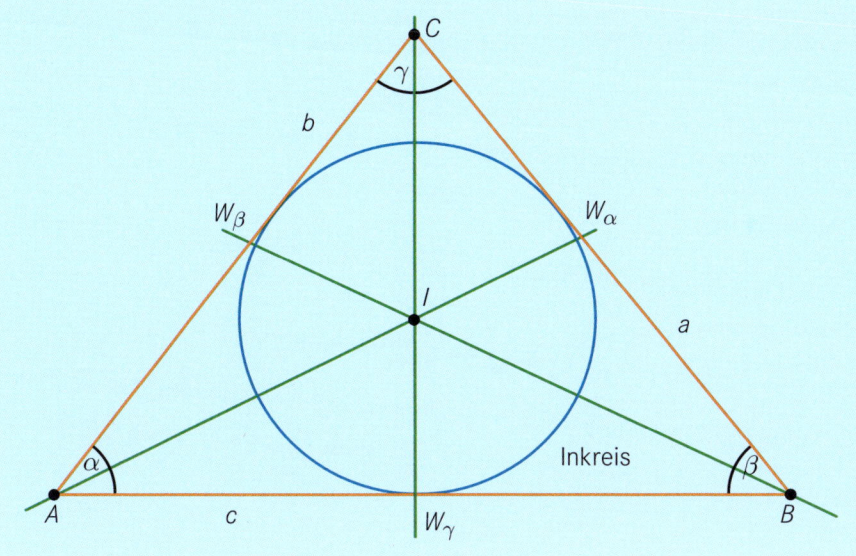

TIPPS UND INFOS   Inkreisradius

Um den **Radius** des Inkreises zu bestimmen, ermittelst du den senkrechten Abstand von I zu $\overline{AB}$ mit dem Geodreieck oder durch Fällen des Lotes.

1 Konstruiere bei den folgenden Dreiecken den Inkreis.

	$\overline{AB}$	$\overline{BC}$	$\overline{AC}$	α	β	γ
a)	6,8 cm			48°	57°	
b)	8,1 cm		4,5 cm	55°		
c)	7,2 cm	5 cm	6,5 cm			
d)	4 cm	6,5 cm		125°		

2 Bei welchem Dreieck fallen der Umkreismittelpunkt U und der Inkreismittelpunkt I zusammen?

4.4.3 Schwerpunkt – Konstruktion der Seitenhalbierenden

DAS MUSST DU WISSEN   Seitenhalbierende und Schwerpunkt

In jedem Dreieck schneiden sich die **Seitenhalbierenden** in einem Punkt S. Dieser Punkt teilt jede Seitenhalbierende in zwei Teilstrecken, von denen eine doppelt so lang ist wie die andere. Man nennt den Punkt S **Schwerpunkt** des Dreiecks.

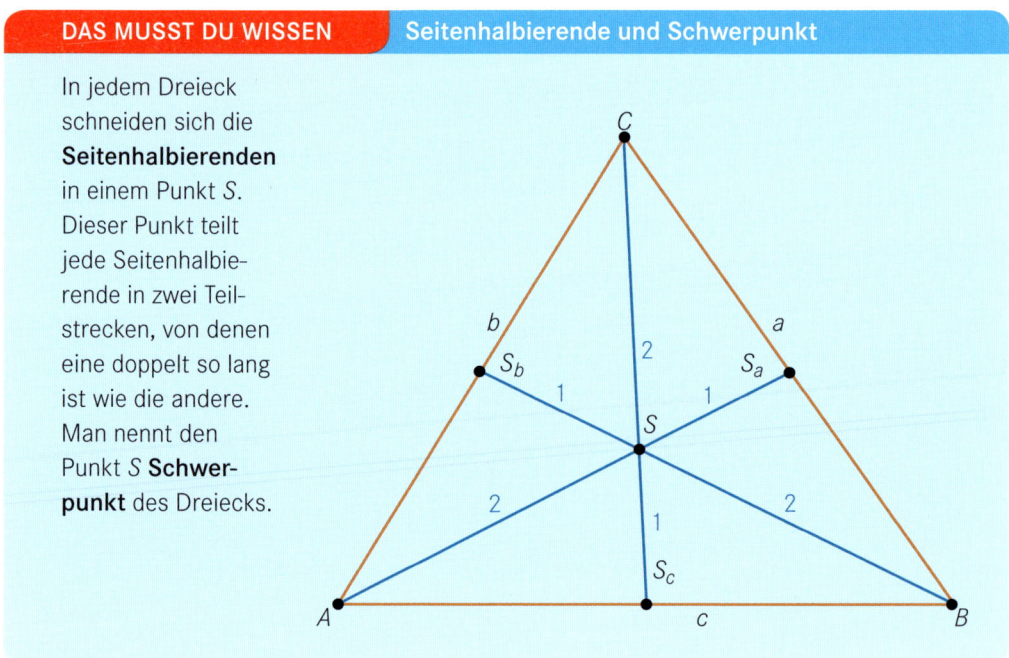

1 Der Schwerpunkt

Schneide aus Pappe ein großes Dreieck. Ermittle durch Konstruktion den Schwerpunkt. Überprüfe diesen, indem du das Dreieck auf der Zirkelspitze balancierst.

2 Konstruiere die Seitenhalbierenden im Dreieck ABC mit $A(1|1)$; $B(7|2)$; $C(0|7)$. Gib die Koordinaten des Schwerpunktes näherungsweise an.

4.4.4 Höhen im Dreieck

DAS MUSST DU WISSEN	Höhenschnittpunkt

In jedem Dreieck schneiden sich die drei **Höhen** oder deren Verlängerungen in einem Punkt H. Dieser hat, anders als Schwerpunkt, Umkreis- und Inkreismittelpunkt, keine weitere Bedeutung.

Höhen im spitzwinkligen Dreieck

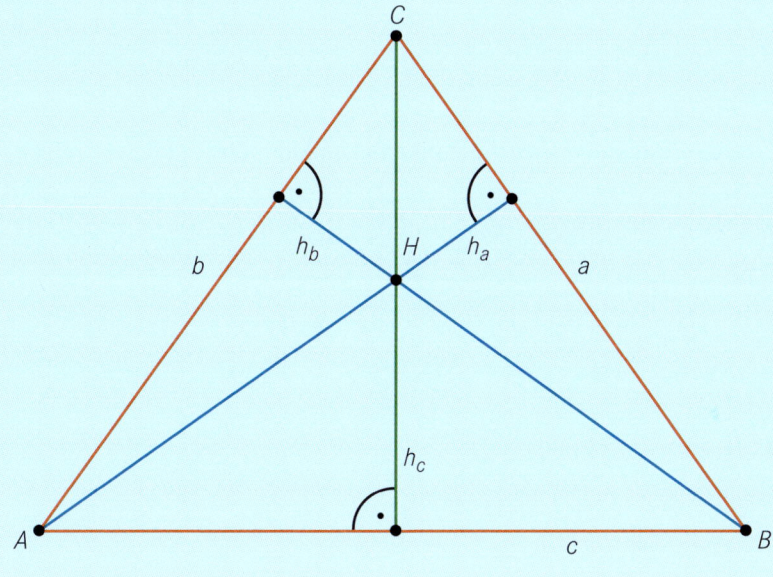

Höhen im stumpfwinkligen Dreieck

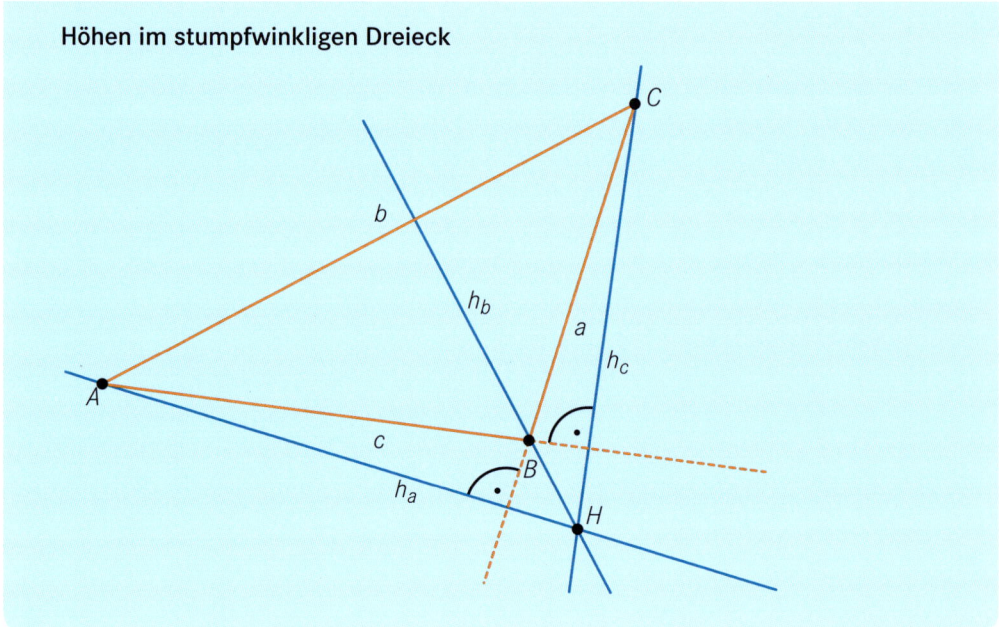

1 In welchem Punkt schneiden sich die Höhen bei einem rechtwinkligen Dreieck?

2 **Höhen im gleichseitigen Dreieck**
Konstruiere ein gleichseitiges Dreieck ABC mit $h_c = 3,5\,\text{cm}$. Zeichne alle Höhen ein und miss sie. Was kannst du über ihre Länge sagen?

Test

1 Trage in die Figur alle fehlenden Winkelgrößen ein ($g \| h$). |10|

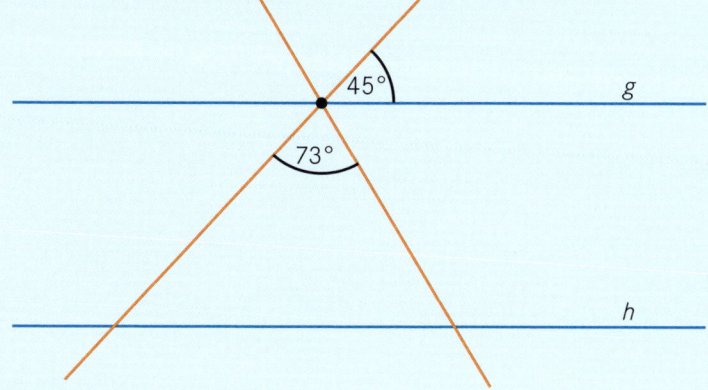

2 **Kongruenzsätze am Dreieck** |10|

Konstruiere ein Dreieck ABC. Gib jeweils, wenn möglich, einen Kongruenzsatz an.

a) $a = 8\,\text{cm}$; $b = 6\,\text{cm}$; $c = 9\,\text{cm}$ b) $a = 5{,}7\,\text{cm}$; $b = 5\,\text{cm}$; $\beta = 53°$

3 **Viereckskonstruktion** |10|

Konstruiere ein Viereck $ABCD$ mit $\overline{AC} = 5\,\text{cm}$; $\sphericalangle\,ABC = 35°$; $\sphericalangle\,CAD = 65°$;
$\sphericalangle\,ADC = 70°$; und $\sphericalangle\,BAC = 85°$.

4 **Kongruenzen und Vielecke** |10|

a) Warum gibt es keinen Kongruenzsatz WWW?
b) Welches regelmäßige n-Eck hat die Innenwinkelsumme 1 620°?
c) Überprüfe, ob es ein Dreieck mit den angegebenen Seitenlängen gibt, ohne es zu
   konstruieren.
   (I) 3,5 cm; 2 cm; 4cm   (II) 5,3 cm; 4,2 cm; 10,1 cm

5 **Umkreis und Inkreis** |10|

a) Konstruiere ein Dreieck ABC mit dem Umkreisradius $r = 3\,\text{cm}$; $a = 4\,\text{cm}$ und $b = 4{,}5\,\text{cm}$.
b) Konstruiere ein Dreieck ABC und seinen Inkreis mit $b = 8\,\text{cm}$; $c = 5{,}5\,\text{cm}$ und
   $h_b = 5\,\text{cm}$.

||50||

Wie viele Punkte hast du? Erreichst du mehr als 39 Punkte, beherrschst du den Inhalt des Kapitels wirklich
gut. Erreichst du weniger als 20 Punkte, dann solltest du dieses Kapitel wiederholen.

5.1 Kreis und Gerade

▷ Die Bezeichnung von verschiedenen
   Strecken am Kreis kennen:
   – Radius
   – Durchmesser
   – Sehne

Kreise und Geraden können verschieden
zueinander liegen.
Hier erfährst du, welche unterschiedlichen
Lagen und Bezeichnungen es gibt und was
bei Konstruktionen zu beachten ist.

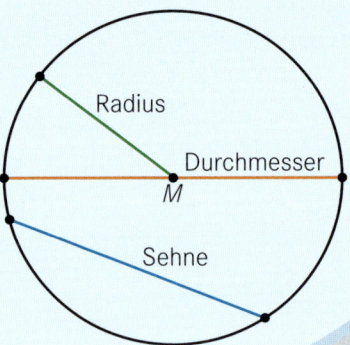

Eine Gerade heißt **Tangente,** wenn sie genau einen Punkt mit dem Kreis gemeinsam
hat. Dieser Punkt heißt **Berührpunkt** der Tangente.
Eine Gerade heißt **Sekante** des Kreises, wenn sie den Kreis in zwei Punkten schneidet.
Eine Gerade heißt **Passante,** wenn sie keinen Punkt mit dem Kreis gemeinsam hat.

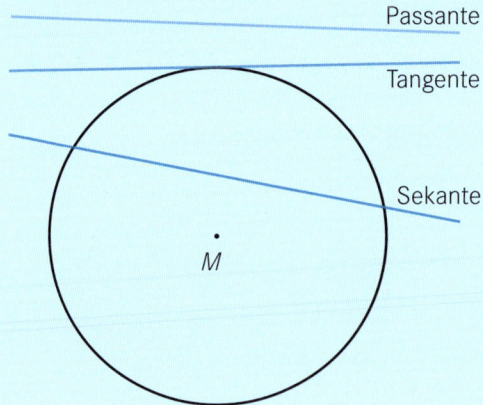

Die Tangente, die einen Kreis mit dem Mittelpunkt M im Punkt P berührt, ist orthogonal (senkrecht) zum Berührradius $\overline{MP}$.

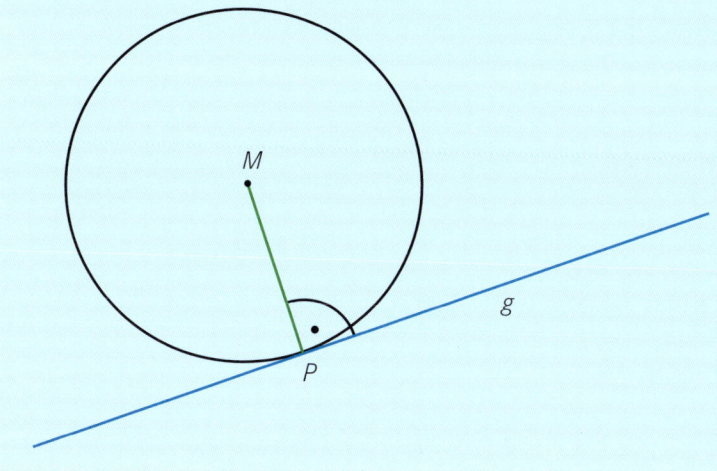

1 Konstruiere einen Kreis, der die Gerade g im Punkt B berührt. Gibt es mehrere Konstruktionsmöglichkeiten?

2 Zeichne einen Kreis K um M mit dem Radius $r = 3\,\text{cm}$ ($r = 2{,}5\,\text{cm}$).
Wähle einen beliebigen Punkt B auf K. Konstruiere zunächst die Tangente.
Konstruiere danach zwei Sekanten, die senkrecht zueinander stehen.

3 Zeichne einen Kreis, der die Gerade durch die angegebenen Punkte als Tangente hat: $P_1(2\,|\,2)$, $P_2(4\,|\,4)$.

5.2 Thaleskreis

▷ Kreise und Dreiecke konstruieren

Der griechische Mathematiker und Philosoph Thales von Milet machte um 600 v. Chr. einen Satz bekannt, der etwas über den Zusammenhang von rechtwinkligen Dreiecken und Kreisen besagt. Hier erfährst du, wie dieser Satz lautet und bei welchen Konstruktionen er hilfreich ist.

| **DAS MUSST DU WISSEN** | **Satz des Thales** |

Regel: Zu jeder Strecke $\overline{AB}$ mit dem Mittelpunkt M kann man einen Kreis zeichnen, der M als Mittelpunkt hat und durch die Punkte A und B geht.
Dieser Kreis heißt **Thaleskreis** der Strecke $\overline{AB}$.

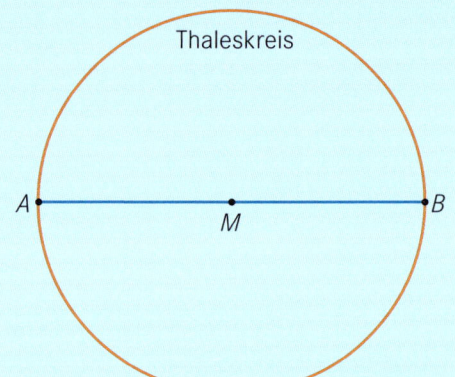

Beispiel:
Zeichne einen Kreis mit dem Durchmesser $\overline{AB}$ (wie im Bild) und trage verschiedene Punkte C auf dem Kreisrand ein. Miss die Winkel γ_1, γ_2, γ_3.

Merke: Wenn ein Punkt C auf dem Thaleskreis über der Strecke $\overline{AB}$ liegt, dann hat das Dreieck ABC einen **rechten Winkel.** Dies ist der **Satz des Thales.** Eine andere, gut zu merkende Formulierung lautet: „Jeder Winkel im Halbkreis ist ein rechter."

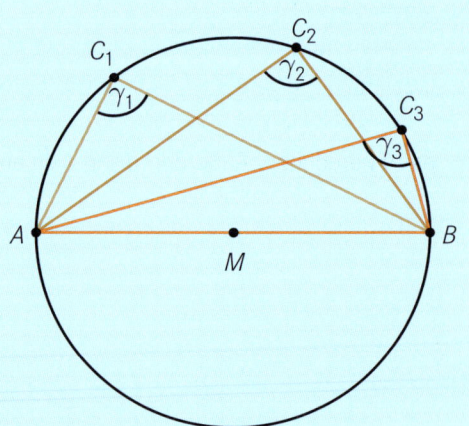

Umkehrung:
Wenn von einem Punkt C aus die Strecken zu den Endpunkten einer Strecke $\overline{AB}$ einen rechten Winkel bilden, dann liegt der Punkt C auf dem Thaleskreis der Strecke.

1 Konstruiere mithilfe des Thalessatzes rechtwinklige Dreiecke ($\gamma = 90°$).

    a) $c = 4\,\text{cm}$; $b = 2\,\text{cm}$

    b) $c = 8\,\text{cm}$; $\alpha = 60°$

    c) $c = 7\,\text{cm}$; $h_c = 3\,\text{cm}$

    d) $c = 7\,\text{cm}$; $a = 3\,\text{cm}$

2 Bestimme jeweils die fehlenden drei Winkelgrößen.

    a) $\alpha = 63°$

    b) $\beta = 23°$

    c) $\gamma_1 = 55°$

    d) $\gamma_2 = 47°$

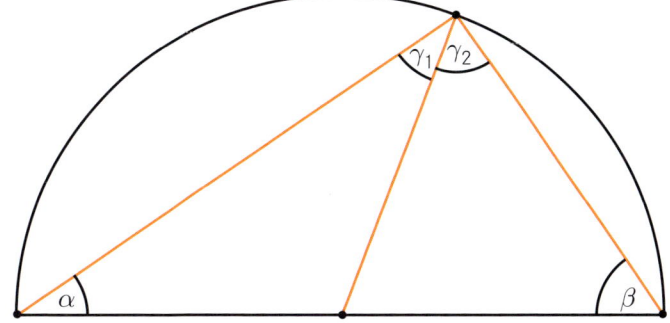

5.3 Berechnungen am Kreis

WAS DU SCHON KÖNNEN MUSST

▷ Die Begriffe Durchmesser und Radius kennen und anwenden können

▷ Wissen, dass der Mittelpunktswinkel eines Kreises 360° beträgt

DARUM GEHT ES

Der Kreis gehört in unserem Alltag zu einer sehr häufig vorkommenden Flächenform. Denke z. B. an Knöpfe, Untersetzer, Uhren, DVDs usw. Hier lernst du, Umfang und Flächeninhalt eines Kreises zu berechnen. Außerdem kannst du am Ende des Kapitels Teile des Kreisrandes (Kreisbogen) oder Teilflächen eines Kreises (Kreisausschnitte) berechnen.

DAS MUSST DU WISSEN	Verhältnis von Umfang und Durchmesser

Ermittle mithilfe eines nicht dehnbaren Fadens den Umfang U verschiedener Gegenstände mit Kreisen als Grundfläche und miss ihren Durchmesser d. Bilde $\frac{U}{d}$ und runde auf Zehntel. Was fällt dir auf?

Der Kreisumfang U ist ungefähr dreimal so groß wie der Durchmesser d. Tatsächlich ist dieses Verhältnis für alle Kreise gleich. Man bezeichnet seinen Wert als die **Kreiszahl π**. Mache dich damit vertraut, wo auf deinem Taschenrechner die Taste für die Zahl π zu finden ist.

> **Regel:** Für den Kreisumfang U eines Kreises mit Durchmesser d gilt:
> $U = \pi \cdot d$.
> Anstelle des Kreisdurchmessers kann man auch mit dem Radius r rechnen. Dann gilt:
> $U = 2\pi r$.
> **Beispiel:**
> Berechne den Kreisumfang eines Kreises mit dem Durchmesser 5 cm:
> $U = \pi \cdot 5\,\text{cm} \approx 15{,}7\,\text{cm}$.

1 **Berechne den Umfang U des Kreises.**

    a) $d = 4\,\text{cm}$
    b) $d = 7{,}5\,\text{cm}$
    c) $r = 9\,\text{m}$
    d) $r = 3{,}2\,\text{dm}$
    e) $d = 2{,}25\,\text{mm}$

2 **Berechne die Umfänge U_1, U_2 und U_3 in den Figuren ($d_3 = d_2 + d_1$).**

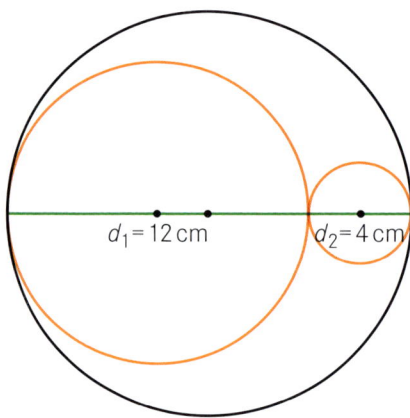

$d_1 = 12\,\text{cm}$ $d_2 = 4\,\text{cm}$

3 **Ein 26er-Rad hat einen Durchmesser von 26 Zoll (1 Zoll = 2,54 cm).**

    a) Wie viele Meter legt das Rad bei einer Umdrehung zurück?
    b) Das Rad macht 400 Umdrehungen. Wie viele Meter wurden zurückgelegt?

4 Zeichne einen Kreis, der von einem Quadrat eingefasst wird.

Schätze ab, wie groß die Fläche des Kreises im Vergleich zu den Teilquadraten ist.

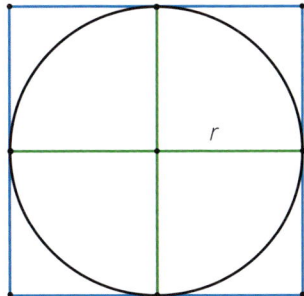

DAS MUSST DU WISSEN **Fläche eines Kreises**

Für den Flächeninhalt A eines Kreises mit Radius r gilt: $A = \pi \cdot r^2$.

Beispiel:

Berechne den Flächeninhalt für einen Kreis mit dem Radius $r = 5\,cm$.

$A = \pi \cdot r^2 = \pi \cdot (5\,cm)^2 \approx 78{,}54\,cm^2$.

---

5 Berechne den Flächeninhalt A des Kreises.

a) $r = 4\,cm$

b) $r = 7{,}5\,cm$

c) $r = 0{,}9\,m$

d) $r = 3{,}2\,dm$

e) $d = 2{,}25\,mm$.

6 Ein Radiosender hat eine Reichweite von 70 km. Wie viele Quadratkilometer groß ist sein Sendegebiet?

7 Platz mit Brunnen

Ein kreisrunder Platz hat einen Durchmesser von 34 m. In der Mitte befindet sich eine kreisförmige Brunnenanlage mit 4,6 m Durchmesser. Wie viele Quadratkilometer Platz bleiben zur freien Verfügung?

8 Berechne den Flächeninhalt der drei Kreise in der Figur (vgl. Aufgabe 2 auf S. 76).
Wie groß ist die farbig markierte Fläche, die durch die drei Kreisränder begrenzt wird?

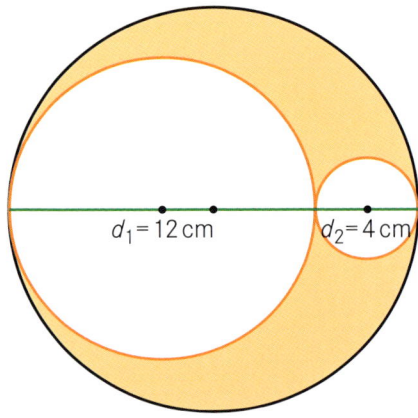

$d_1 = 12\,\text{cm}$ $d_2 = 4\,\text{cm}$

DAS MUSST DU WISSEN **Kreisringe**

Regel: Für den Flächeninhalt A eines Kreisrings mit dem äußeren Radius r_1 und dem inneren Radius r_2 gilt

$$A = \pi \cdot \left(r_1^2 - r_2^2\right).$$

BEISPIEL

Berechne den Flächeninhalt des Kreisrings mit dem äußeren Radius $r_1 = 7,5\,\text{cm}$ (blau) und dem inneren Radius $r_2 = 5,5\,\text{cm}$ (orange).

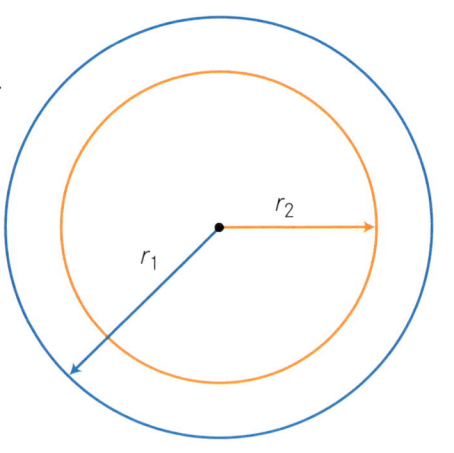

r_2

r_1

$$A = \pi \cdot \left(r_1^2 - r_2^2\right) = \pi \cdot [(7,5\,\text{cm})^2 - (5,5\,\text{cm})^2] \approx 81,68\,\text{cm}^2$$

9 Berechne den Flächeninhalt eines Kreisrings mit dem äußeren Radius r_1 und dem inneren Radius r_2.

a) $r_1 = 5\,\text{cm}$; $r_2 = 7\,\text{cm}$ b) $r_1 = 3{,}5\,\text{m}$; $r_2 = 5\,\text{m}$ c) $r_1 = 11{,}25\,\text{cm}$; $r_2 = 14\,\text{cm}$

10 Ein Dichtungsring hat einen äußeren Durchmesser von 26 mm und ist 7 mm breit. Berechne seinen Flächeninhalt.

DAS MUSST DU WISSEN   Kreisbogen und Kreisausschnitt

Zeichne einen Kreis mit $r = 5\,\text{cm}$ und unterteile ihn in Viertelkreise. Wie groß ist ein Viertelkreis? Betrachte den Winkel, den sogenannten **Mittelpunktswinkel,** des Viertelkreises. Wie groß ist dieser? Den wievielten Teil von 360° macht er aus?

Regel: Für die Länge b_α eines Kreisbogens mit dem Radius r und einem Mittelpunktswinkel der Größe α gilt:

$b_\alpha = 2\pi r \cdot \dfrac{\alpha}{360°}$ bzw. $b_\alpha = \pi \cdot r \cdot \dfrac{\alpha}{180°}$.

Für den Flächeninhalt A_α eines Kreisausschnitts mit dem Radius r und dem Mittelpunktswinkel der Größe α gilt: $A_\alpha = \pi \cdot r^2 \cdot \dfrac{\alpha}{360°}$.

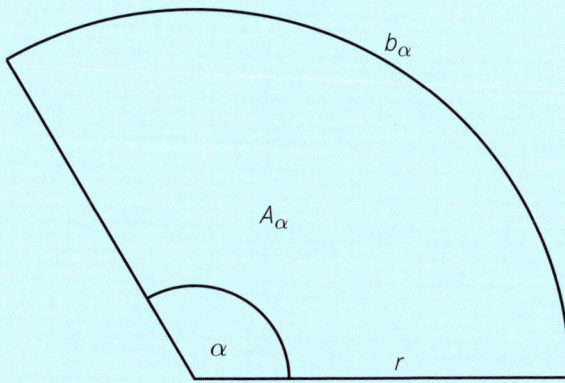

Beispiel:
Berechne die Länge des Kreisbogens b_α und den Flächeninhalt A_α, wenn der Radius $r = 3\,\text{cm}$ und die Winkelgröße $\alpha = 30°$ beträgt.
Lösung:

$b_\alpha = 2\pi \cdot 3\,\text{cm} \cdot \dfrac{30}{360°} \approx 1{,}57\,\text{cm}$

$A_\alpha = \pi \cdot (3\,\text{cm})^2 \cdot \dfrac{30}{360°} \approx 2{,}36\,\text{cm}^2$

11 Berechne zu vorgegebenem Radius r und Mittelpunktswinkel α jeweils die Länge des Kreisbogens b_α und den Flächeninhalt A_α.

r	4 cm	12 cm	22 mm	1 km	5,4 m
α	60°	150°	210°	36°	180°
b_α					
A_α					

12 Der Weg des Zeigers

Der Minutenanzeiger einer Wohnzimmeruhr ist 6 cm lang. Wie groß ist die Fläche, die der Zeiger überstreicht?

a) in 5 Minuten

b) in 12 Minuten

c) Welchen Weg legt die Zeigerspitze dabei jeweils zurück?

Test

1 Zeichne einen Kreis K um $M(1\,|\,1)$ mit dem Radius $r = 3,5\,\text{cm}$.
Wähle einen beliebigen Punkt B auf K. Konstruiere zunächst die Tangente.
Konstruiere danach zwei Sekanten, die senkrecht zueinander stehen. $|\,10\,|$

2 Bestimme jeweils die fehlenden drei Winkelgrößen. $|\,10\,|$

a) $\alpha = 33°$ b) $\beta = 53°$ c) $\gamma_1 = 25°$

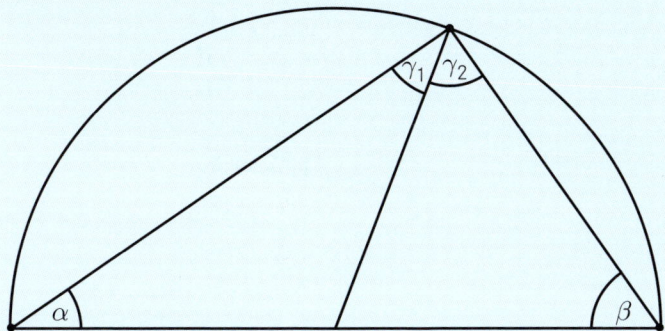

3 Schreinerarbeiten $|\,10\,|$

Aus einer quadratischen Platte mit einer Kantenlänge von $1,30\,\text{m}$ ist eine runde
Tischplatte mit einem Durchmesser von $1,21\,\text{m}$ herauszuschneiden.

a) Wie groß ist der Flächeninhalt der Tischplatte in m^2?
b) Wie groß ist der Verschnitt (Abfall)?

4 Eine CD hat einen Durchmesser von $12\,\text{cm}$, das innere Loch besitzt einen
Durchmesser von $14\,\text{mm}$.
Wie groß ist die Fläche, die beschichtet werden muss? $|\,10\,|$

5 Berechne für den Kreis mit dem Radius r die Bogenlänge b_α und den Flächeninhalt
A_α des Kreisausschnitts mit dem Mittelpunktswinkel α. $|\,10\,|$

a) $r = 8\,\text{cm};\ \alpha = 60°$
b) $r = 4,5\,\text{m};\ \alpha = 200°$

$|\,|\,50\,|\,|$

Wie viele Punkte hast du? Erreichst du mehr als 39 Punkte, beherrschst du den Inhalt des Kapitels wirklich
gut. Erreichst du weniger als 20 Punkte, dann solltest du dieses Kapitel wiederholen.

6 Statistik/Wahrscheinlichkeitsrechnung

6.1 Darstellung von Statistiken

WAS DU SCHON KÖNNEN MUSST

▷ Häufig werden Ergebnisse in Prozent dargestellt. Daher solltest du die Regeln der Prozentrechnung kennen und anwenden können. Aber auch die Bruchrechnung und das Rechnen mit Dezimalzahlen solltest du beherrschen.

DARUM GEHT ES

Meinungsumfragen und Erhebungen spielen in verschiedenen Bereichen des alltäglichen Lebens eine wichtige Rolle. Die Menge aller Personen oder Dinge, über die man etwas wissen möchte, nennt man Gesamtheit. Die Menge der ausgewählten Personen oder Dinge, die man befragt oder untersucht, nennt man Stichprobe.
Für die Auswertung und die anschließende Darstellung von Stichproben stehen verschiedene Möglichkeiten zur Verfügung. Hier lernst du einige kennen.

DAS MUSST DU WISSEN — Häufigkeiten

Beim Vergleich von statistischen Daten spricht man oft von **absoluten** und **relativen Häufigkeiten**.

Es gilt: relative Häufigkeit $= \dfrac{\text{absolute Häufigkeit}}{\text{Gesamtzahl}}$.

BEISPIEL

(I) Ein Würfel wird 50-mal geworfen. Die Ergebnisse sind in der folgenden Tabelle zusammengefasst, wobei die relative Häufigkeit sowohl als gemeiner Bruch (ungekürzt), als Dezimalbruch oder als Prozentwert angegeben werden kann.

Ereignis	1	2	3	4	5	6
absolute Häufigkeit	10	8	7	9	6	10
relative Häufigkeit	$\dfrac{10}{50}$ 0,20 20%	$\dfrac{8}{50}$ 0,16 16%	$\dfrac{7}{50}$ 0,14 14%	$\dfrac{9}{50}$ 0,18 18%	$\dfrac{6}{50}$ 0,12 12%	$\dfrac{10}{50}$ 0,2 20%

(II) Die Sophie-Scholl-Schule hat 680 Schülerinnen und Schüler. Im letzten Monat wurde notiert, wie viele Schülerinnen und Schüler die Schulbibliothek genutzt haben. Es waren 128 Schülerinnen und 112 Schüler.

Fragen wir nach der relativen Häufigkeit der Bibliotheksbenutzung insgesamt, so rechnen wir:

$$\frac{128 + 112}{680} = \frac{240}{680} \approx 35{,}3\,\%.$$

Fragen wir nach der relativen Häufigkeit der Mädchen unter den Bibliotheksbesuchern, so rechnen wir:

$$\frac{128}{240} = 53{,}3\,\%.$$

DAS MUSST DU WISSEN — **Darstellung von Häufigkeiten**

a) **Säulendiagramm** zur Angabe der absoluten Häufigkeit

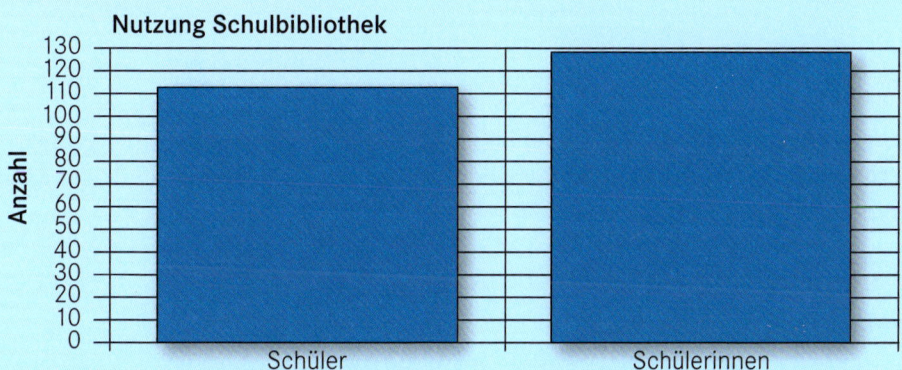

b) **Kreisdiagramm** zur Angabe der relativen Häufigkeit

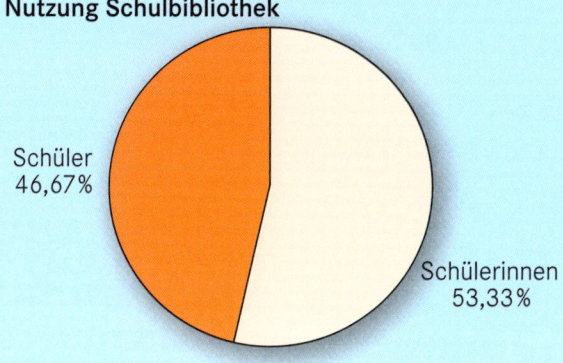

1 Wahl der Verkehrsmittel

In der Klasse 7e kommen 12 Schüler mit dem Fahrrad, 9 Schüler zu Fuß, 6 Schüler mit öffentlichen Verkehrsmitteln und 3 Schüler werden mit dem Auto gebracht.

a) Berechne die zugehörigen relativen Häufigkeiten in Prozent.
b) Zeichne ein Säulendiagramm zu den absoluten Häufigkeiten.
c) Zeichne ein Kreisdiagramm zu den relativen Häufigkeiten.

2 Fremdsprachen

Die Befragung für die Wahl der zweiten Fremdsprache am Albert-Schweitzer-Gymnasium hatte im sechsten Jahrgang folgendes Ergebnis:

	Spanisch	Französisch	Latein
Jungen	27	24	12
Mädchen	33	16	8

a) Berechne die relativen Häufigkeiten in Bezug auf alle Schüler in Prozent.
b) Berechne die relativen Häufigkeiten für die einzelnen Sprachen nach Jungen bzw. Mädchen und gib diese in Prozent an.

3 In einer Klasse hören 70 % der Schüler Hip-Hop-Musik, das sind 21 Jungen und Mädchen. Ermittle die Gesamtzahl der Schüler und Schülerinnen in dieser Klasse.

6.2 Auswertung von Statistiken

WAS DU SCHON KÖNNEN MUSST

▷ Die Definitionen des ersten Abschnitts verstanden haben und anwenden können

DARUM GEHT ES

Für die Auswertung von Meinungsumfragen und Erhebungen gibt es verschiedene Möglichkeiten. Statistiker benutzen sogenannte Lage- und Verteilungsmaße, wenn sie sich die Ergebnisse ihrer Erhebungen anschauen. Hier lernst du einige wichtige kennen.

DAS MUSST DU WISSEN | Lagemaße

▶ **Zentralwert/Median:** Ordnet man die Ergebnisse der Größe nach, so gibt es einen Wert, der in der Mitte steht. Diesen Wert nennt man Zentralwert oder Median.

▶ **Modalwert:** Den am häufigsten vorkommenden Wert nennt man Modalwert.

▶ Den kleinsten Wert nennt man **Minimum,** den größten Wert **Maximum.**

▶ Der Abstand zwischen dem größten und dem kleinsten Wert heißt **Spannweite.**

▶ Das **arithmetische Mittel** oder der **Mittelwert** ist definiert als $\overline{x} = \frac{\text{Summe aller Werte}}{\text{Anzahl aller Werte}}$.

BEISPIEL

Die 27 Schüler der Klasse 7 b haben die Zeit in Minuten notiert, die sie für eine bestimmte Mathematikhausaufgabe benötigt haben. Die verschiedenen Zeitangaben wurden in einer Liste notiert: 22; 12; 13; 19; 15; 30; 16; 18; 19; 19; 20; 10; 20; 21; 22; 23; 24; 24; 25; 18; 25; 27; 30; 23; 15; 19; 24.

Für den **Zentralwert** müssen wir die Werte der Größe nach ordnen. Dabei ergibt sich folgendes Bild:

10; 12; 13; 15; 15; 16; 18; 18; 19; 19; 19; 19; 20; 20; 21; 22; 22; 23; 23; 24; 24; 24; 25; 25; 27; 30; 30.

↑

Wert in der Mitte: 14. Wert

Der Zentralwert ist also 20 (Minuten).

Der **Modalwert** ist 19 Minuten (Kommt in der Liste viermal vor).

Das **Minimum** ist 10 Minuten, das **Maximum** 30 Minuten.

Die **Spannweite** beträgt 20 Minuten.

Das arithmetische Mittel bzw. der **Mittelwert** berechnet sich als

$$\overline{x} = \frac{10 + 12 + 13 + 2 \cdot 15 + 16 + 2 \cdot 18 + 4 \cdot 19 + 2 \cdot 20}{27}$$

$$+ \frac{21 + 2 \cdot 22 + 2 \cdot 23 + 3 \cdot 24 + 2 \cdot 25 + 27 + 2 \cdot 30}{27}$$

$$= \frac{553}{27} \approx 20{,}5 \text{ Minuten.}$$

1 Zeit für die Mathematikhausaufgaben

In der Klasse 7a notieren die 25 Schüler ebenfalls die Zeit, die sie für die Mathematikhausaufgaben benötigen. Sie kommen zu folgenden Ergebnissen:

22; 14; 13; 16; 15; 30; 16; 18; 18; 16; 20; 10; 20; 21; 20; 23; 20; 24; 35; 18; 25; 27; 30; 23; 15.

Berechne für die Klasse folgende statistische Lage- und Verteilungsmaße:

a) Zentralwert,

b) Modalwert,

c) Minimum,

d) Maximum,

e) Spannweite,

f) arithmetisches Mittel.

Vergleiche das Ergebnis mit den Werten der 7b aus dem Beispiel.

2 Benzinverbrauch

Fahrlehrer Koch hat für seine PKWs den Benzinverbrauch für 100 km bestimmt:

7,4 l; 8,3 l; 8,2 l; 6,9 l; 9,2 l; 7,5 l; 7,8 l; 8,7 l.

Bestimme den Zentralwert und das arithmetische Mittel.

3 Aus der Statistik des Autohauses Rottmaier des letzten Jahres:

	Januar	Februar	März	April	Mai	Juni
Zahl der verkauften PKWs	13	11	19	22	36	26

	Juli	August	Sept	Okt	Nov	Dez
Zahl der verkauften PKWs	17	15	12	18	20	23

a) Was war die kleinste monatliche Absatzzahl, was die größte? Wie groß ist die Spannweite beim Verkauf?

b) Im vorletzten Jahr wurden monatlich im Schnitt 19 Autos verkauft. Wie liegen die Verkaufszahlen im letzten Jahr im Vergleich zum vorletzten Jahr?

6.3 Skalen

▷ Verschiedene Lagemaße kennen, um sie mit den Skalen in Verbindung bringen zu können

Vor Beginn einer statistischen Erhebung ist es für die Planung wichtig zu überlegen, welche Merkmale systematisch erfasst werden sollen. Beispielsweise können bei einer Schülerbefragung das Alter, das Geschlecht, das Interesse für bestimmte Fächer oder das Taschengeld untersucht werden. Zu jedem Merkmal lassen sich Merkmalsausprägungen festlegen. Das Merkmal Geschlecht z. B. besitzt die Merkmalsausprägungen männlich und weiblich.

DAS MUSST DU WISSEN   **Merkmale und Skalen**

Nominalskala:
Die Merkmalsausprägungen sind Namen zur Bezeichnung.
Man kann sie nicht in einer Reihenfolge anordnen.
Beispiel: Geschlecht (männlich, weiblich)

Ordinalskala oder **Rangskala:**
Die Merkmale weisen eine Rangfolge auf.
Beispiel: Interesse an Mathematik (hoch, mittel, gering)

Metrische Skala:
Die Merkmale können wie Größen addiert und dividiert werden.
Beispiel: Taschengeld von Schülern, Alter in einer Klasse

DAS MUSST DU WISSEN   **Skalentypen und Lagemaße**

Nicht bei allen Skalentypen sind alle Lagemaße sinnvoll zu bestimmen. So kannst du die einzelnen Maße einsetzen:

Nominalskala: Modalwert
Ordinalskala: Modalwert; Zentralwert
Metrische Skala: Modalwert; Zentralwert; arithmetisches Mittel.

1 Warum handelt es sich bei dem Notenspiegel einer Klassenarbeit um eine metrische Skala?

Note	1	2	3	4	5	6
Anzahl	3	6	7	5	2	1

Berechne den Notendurchschnitt.

2 Warum macht es keinen Sinn, für die Merkmalsausprägung Geschlecht den Zentralwert zu verwenden?

3 Die Gäste der Frankfurter Jugendherberge werden nach ihrer Herkunft erfasst.
Im Computerfragebogen ist festgehalten:
1 – Deutschland, 2 - EU-Länder (ohne Deutschland), 3 – Europa (ohne EU), 4 – Afrika,
5 – Asien, 6 – Amerika, 7 – Australien.

Herkunft	1	2	3	4	5	6	7
Anzahl	13 754	23 578	1 539	745	7 823	2 344	323

a) Aus welcher Gegend kommt der typische Gast?
b) Um welche Art von Skala handelt es sich?

6.4 Zufallsversuche und Wahrscheinlichkeit

WAS DU SCHON KÖNNEN MUSST
▷ Anteile in Bruch-, Dezimal- und Prozentschreibweise angeben
▷ Bruchrechnung und Dezimalrechnung beherrschen

DARUM GEHT ES
Statistik und Wahrscheinlichkeitsrechnung bezeichnet man oft mit dem Oberbegriff „Stochastik". Dieses Wort stammt aus dem Griechischen und bedeutet so viel wie „Mutmaßungskunst". Gemeint ist damit die Kunst, aus vorliegenden Daten oder statistischem Material vernünftige Vermutungen über das beobachtete Ereignis anzustellen. Hier erfährst du, unter welchen Umständen man seriöse Prognosen über ein Ereignis angeben kann, und wie du mit Wahrscheinlichkeiten rechnest.

DAS MUSST DU WISSEN — Zufallsversuche

Statistische Erhebungen kann man als Zufallsversuche auffassen. Führt man zu einem Zufallsversuch mehrere lange Versuchsreihen aus, so macht man folgende Erfahrung: Bei langen Versuchsreihen nähern sich die Werte für die relativen Häufigkeiten immer mehr den Werten für die Wahrscheinlichkeiten an.

Diese Erfahrung nennt auch das **empirische Gesetz der großen Zahlen.**

BEISPIEL — Reißnagelwerfen

Für den Zufallsversuch „Werfen eines Reißnagels" gibt es zwei mögliche Ausfälle:

a) Der Reißnagel bleibt auf dem Kopf mit der Spitze nach oben
oder

b) er bleibt auf der Seite schräg liegen.

Annika und Tom werfen einen Reißnagel mehrfach und notieren die Ergebnisse. Annika wirft ihn 50-mal, Tom wirft ihn 250-mal. Sie kommen zu folgenden Ergebnissen:

	Seite	Kopf	relative Häufigkeit Kopf	relative Häufigkeit Seite
Annika	24	26	48%	52%
Tom	103	147	41,2%	58,8%

Eine genaue Bestimmung der Wahrscheinlichkeit ist nicht möglich. Man muss sich mit der relativen Häufigkeit begnügen. Obgleich zwischen der relativen Häufigkeit und der Wahrscheinlichkeit eines Ereignisses ein gewisser Zusammenhang besteht, müssen wir beide Begriffe deutlich voneinander trennen.

DAS MUSST DU WISSEN

Merke: Die **Wahrscheinlichkeit** eines Ausfalls ist die beste Vorhersage, die man für die zu erwartende relative Häufigkeit abgeben kann.

TIPPS UND INFOS — Fairer Würfel

Bei manchen Zufallsversuchen kann man sofort die Wahrscheinlichkeit der Ausfälle ablesen. Bei einem „fairen" Würfel, also einem Würfel, bei dem jede Zahl gleich wahrscheinlich ist, beträgt die Wahrscheinlichkeit, eine bestimmte Zahl zu würfeln, für alle Zahlen genau $\frac{1}{6}$.

Zufallsversuche, bei denen alle Ergebnisse gleich wahrscheinlich sind, nennt man Laplace-Versuche bzw. -Experimente. Für die Wahrscheinlichkeit eines Laplace-Experiments E gilt:

$$P(E) = \frac{\text{Anzahl der für } E \text{ günstigen Ergebnisse}}{\text{Anzahl aller möglichen Ergebnisse}}.$$

Diese Definition geht auf den französischen Mathematiker Pierre Simon de Laplace (1749 – 1827) zurück.

BEISPIEL

(I) Beim Werfen einer Laplace-Münze kann als Ergebnis entweder Kopf oder Zahl auftreten. Die Wahrscheinlichkeit $P(E)$ beträgt jeweils $\frac{1}{2}$.

(II) Hat ein Glücksrad drei Sektoren („Rot", „Weiß", „Gelb") von jeweils 120°, dann hat jeder von ihnen die Wahrscheinlichkeit $\frac{120°}{360°} = \frac{1}{3}$.

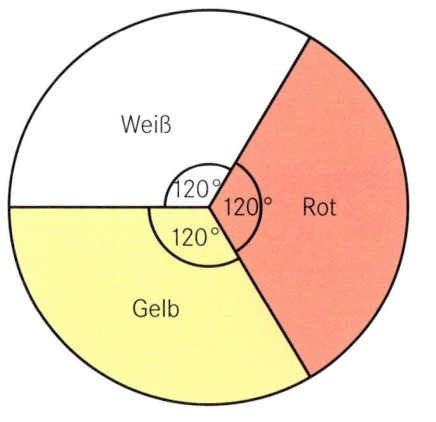

---

1 Aus dem Wort „WINTERURLAUB" wird ein Buchstabe zufällig ausgesucht.
Mit welcher Wahrscheinlichkeit ist er ein Vokal, wenn man voraussetzt, dass die Wahrscheinlichkeit für alle Buchstaben gleich groß ist?

2 Karten ziehen
Aus einem Skatspiel (32 Karten) soll jeweils eine Karte gezogen werden. Wie groß ist die Wahrscheinlichkeit, dass dies

a) eine Herz-Karte;

b) ein Ass;

c) eine Bildkarte (Bube, Dame, König);

d) weder eine Kreuz-Karte noch ein Bild ist?

3 In einem Becher befinden sich 3 schwarze, 4 rote und 5 weiße Kugeln.
Bestimme die Wahrscheinlichkeit für das Ziehen einer

a) weißen Kugel;

b) roten Kugel;

c) schwarzen Kugel;

d) Kugel, die nicht rot ist.

4 Mathematische Lostrommel

In einer Lostrommel liegen 100 Lose, die von 1 bis 100 nummeriert sind. Bestimme die
Wahrscheinlichkeit für folgende Ereignisse:

A: Die Losnummer ist durch 2 teilbar.

B: Die Losnummer ist durch 6 teilbar.

C: Die Zahl auf dem Los hat zwei gleiche Ziffern.

D: Die Losnummer endet auf 0 oder 5.

E: Die Losnummer ist durch 6 teilbar oder endet auf 0 oder 5.

F: Die Losnummer ist weder durch 4 noch durch 6 teilbar.

6.5 Baumdiagramme und Pfadregeln

WAS DU SCHON KÖNNEN MUSST

▷ Die Regeln der Bruchrechnung beherrschen

▷ Die Wahrscheinlichkeitsdefinition für Laplace-Versuche verstanden haben

DARUM GEHT ES

Die im vorherigen Kapitel beschriebenen Zufallsversuche hatten eines gemeinsam. Der Versuch
bestand aus einer einzigen Handlung: es wurde ein Los gezogen, eine Karte gezogen, eine
Münze einmal geworfen. Man spricht in diesem Fall von einstufigen Zufallsversuchen. Was passiert aber, wenn ein Versuch mehrfach durchgeführt wird (mehrstufiger Zufallsversuch)? Wie
lässt sich die Wahrscheinlichkeit dann ermitteln? Hier lernst du, wie dir Baumdiagramme dabei
helfen.

DAS MUSST DU WISSEN **Baumdiagramme**

Der Ablauf eines **mehrstufigen Zufallsversuchs** lässt sich mithilfe von sogenannten
Baumdiagrammen besonders übersichtlich darstellen.

Beispiel: Zweimaliges Werfen einer Münze.

Folgende Ereignisse sind beim zweimaligen Werfen einer Münze möglich:

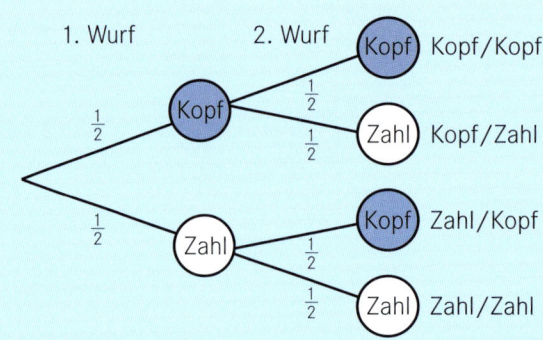

Alle möglichen Ereignisse bilden zusammen die Ereignismenge.

1 Drei verschiedene Münzen werden gleichzeitig geworfen. Stelle den Zufallsversuch in einem Baumdiagramm dar.

2 Mit und ohne Zurücklegen
Eine Urne enthält 7 schwarze und 4 weiße Kugeln. Zeichne ein Baumdiagramm für das zweimalige Ziehen, wenn die Kugeln

a) zurückgelegt werden;
b) nicht zurückgelegt werden.

DAS MUSST DU WISSEN	Pfadregeln für Baumdiagramme

(I) Die Wahrscheinlichkeit eines Ergebnisses ist gleich dem Produkt aller Zweigwahrscheinlichkeiten längs des zugehörigen Pfades (innerhalb eines Baumes: Multiplikation der Wahrscheinlichkeiten).

(II) Gehören zu einem Ereignis mehrere Pfade in einem Baumdiagramm, dann erhält man die Wahrscheinlichkeit des Ereignisses, indem man die Zweigwahrscheinlichkeiten der einzelnen zum Ereignis gehörenden Ergebnisse addiert (Addition der einzelnen Pfade).

BEISPIEL

Aus einer Urne mit 3 roten und 6 blauen Kugeln werden 3 Kugeln mit Zurücklegen gezogen. Es lässt sich das folgende Baumdiagramm aufstellen:

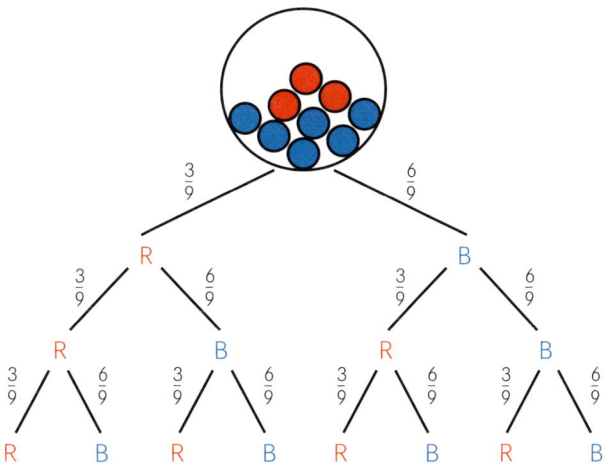

a) Wie groß ist die Wahrscheinlichkeit, beim ersten Mal eine rote und die anderen beiden Male eine blaue Kugel zu ziehen?

Lösung: Anwendung der Regel (I) – Multipliziere die Wahrscheinlichkeiten:

$P(E) = \frac{3}{9} \cdot \frac{6}{9} \cdot \frac{6}{9} = \frac{1}{3} \cdot \frac{2}{3} \cdot \frac{2}{3} = \frac{4}{27} = 0,\overline{148}$ (rot/blau/blau).

b) Wie groß ist die Wahrscheinlichkeit, eine rote und zwei blaue Kugeln zu ziehen?

Lösung: Anwendung der Regel (II) – Betrachte die drei Pfade (rot/blau/blau) und (blau/rot/blau) und (blau/blau/rot) und addiere die Wahrscheinlichkeiten:

$P(E) = \frac{3}{9} \cdot \frac{6}{9} \cdot \frac{6}{9} + \frac{6}{9} \cdot \frac{3}{9} \cdot \frac{6}{9} + \frac{6}{9} \cdot \frac{6}{9} \cdot \frac{3}{9} = 3 \cdot \left(\frac{1}{3} \cdot \frac{2}{3} \cdot \frac{2}{3} \right) = \frac{12}{27} = \frac{4}{9} = 0,\overline{4}$.

3 Zeichne das Baumdiagramm mit den Angaben aus dem Beispiel, jedoch sollen die Kugeln nach dem Ziehen nicht mehr zurückgelegt werden. Was ändert sich im Baumdiagramm?

a) Wie groß ist die Wahrscheinlichkeit, beim ersten Mal eine rote und die anderen beiden Male eine blaue Kugel zu ziehen?

b) Wie groß ist die Wahrscheinlichkeit, eine rote und zwei blaue Kugeln zu ziehen?

4 Ein Glücksrad (siehe Abb.) wird dreimal gedreht. Stelle den Zufallsversuch in einem Baumdiagramm dar. Welche Wahrscheinlichkeit hat das Ereignis

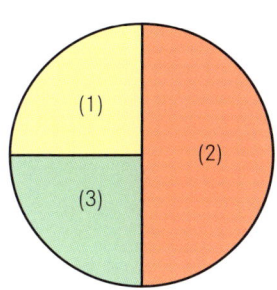

a) dreimal 1;

b) dreimal die gleiche Ziffer;

c) zweimal 2;

d) jede Ziffer einmal?

5 **Würfeln mit zwei Würfeln**

Beim Würfeln mit zwei Würfeln werden die beiden Augenzahlen multipliziert. Mit welcher Wahrscheinlichkeit ist das Ergebnis

a) größer als 18;

b) gleich 12?

6 **Elfmeterschießen**

Beim Elfmeterschießen trifft Johann mit einer Wahrscheinlichkeit von 40 %, Fabian mit 60 %. Beide schießen auf das Tor. Wie groß ist die Wahrscheinlichkeit, dass es 0, 1 oder 2 Treffer gibt?

7 **Mit und ohne Zurücklegen**

In einer Urne liegen 3 rote, 4 schwarze und 5 blaue Kugeln. Es werden drei Kugeln gezogen. Wie groß ist die Wahrscheinlichkeit drei unterschiedliche Kugeln zu ziehen, wenn die Kugeln

a) zurückgelegt werden;

b) nicht zurückgelegt werden?

6.6 Geschicktes Abzählen und Rechnen

WAS DU SCHON KÖNNEN MUSST

▷ Die Laplace-Wahrscheinlichkeit kennen und anwenden

▷ Baumdiagramme erstellen

DARUM GEHT ES

Bei vielen Zufallsexperimenten ist es sinnvoll, nicht das gesamte Baumdiagramm zu skizzieren, sondern Pfade zusammenzufassen oder nur die Pfade, die für das Ereignis interessant sind, zu betrachten. Das macht die Rechnung einfacher.

TIPPS UND INFOS | **Ereignisse zusammenfassen**

Wie groß ist die Wahrscheinlichkeit, bei 2 Würfen einmal eine Sechs zu werfen?
Lösung: In diesem Fall musst du nicht den gesamten Baum für alle Würfelergebnisse {1; 2; 3; 4; 5; 6} zeichnen, sondern es reicht zu überlegen, wie groß die Wahrscheinlichkeit für eine Sechs (6) bzw. für keine Sechs ($\overline{6}$) ist. Daraus ergibt sich folgendes Baumdiagramm:

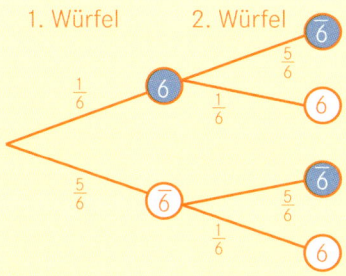

1. Würfel   2. Würfel

Du rechnest $P(E) = \frac{1}{6} \cdot \frac{5}{6} + \frac{5}{6} \cdot \frac{1}{6} = \frac{10}{36} = \frac{5}{18} = 0,2\overline{7}$.

TIPPS UND INFOS   **Baumdiagramme verkürzen**

Mit welcher Wahrscheinlichkeit erhält man beim dreimaligen Würfeln eine Augensumme, die nicht größer ist als 4?

Mit etwas Übung kannst du hier die Fälle auch geschickt abzählen und benötigst
dann kein (vollständiges) Baumdiagramm mehr. So kannst du überlegen, dass nur die
Würfelergebnisse (1|1|1); (1|1|2); (1|2|1) und (2|1|1) in der Summe kleiner als
fünf sind. Danach berechnest du die jeweiligen Wahrscheinlichkeiten mithilfe des
reduzierten Baumdiagramms und addierst die Ergebnisse:

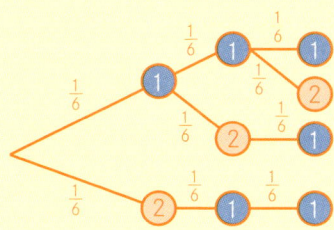

$P(E) = 4 \cdot \frac{1}{6} \cdot \frac{1}{6} \cdot \frac{1}{6} = \frac{4}{216} = \frac{1}{54} = 0,0\overline{185}$.

DAS MUSST DU WISSEN   **Rechnen mit Gegenwahrscheinlichkeiten**

Wenn es besonders viele Ereignisse sind, die du betrachten sollst, ist es einfacher,
die Aufgabe mithilfe der **Gegenwahrscheinlichkeit** zu lösen.

Regel: Für ein Ereignis E und sein Gegenereignis $\overline{E}$ gilt: $P(E) = 1 - P(\overline{E})$.

BEISPIEL

Zwei Würfel werden gleichzeitig geworfen. Mit welcher Wahrscheinlichkeit ist die Augensumme kleiner als 11?

Lösung: Das Gegenereignis zu „Augensumme kleiner als 11" ist „die Augensumme beträgt mindestens 11". Die hierfür infrage kommenden Ausfälle sind überschaubar – es sind die Zahlenpaare (5 | 6); (6 | 5) und (6 | 6). Daher gilt:

$P(\overline{E}) = \frac{1}{6} \cdot \frac{1}{6} + \frac{1}{6} \cdot \frac{1}{6} + \frac{1}{6} \cdot \frac{1}{6} = \frac{3}{36} = \frac{1}{12} = 0,08\overline{3}$ und

$P(E) = 1 - P(\overline{E}) = \frac{11}{12} = 0,91\overline{6}$.

Die Wahrscheinlichkeit für eine Augensumme, die kleiner als 11 ist, beträgt also etwa 0,92.

---

1 **Ein Glücksrad enthält 9 gleich große Sektoren, die von 1 bis 9 nummeriert sind. Das Glücksrad wird zweimal gedreht.**

a) Mit welcher Wahrscheinlichkeit werden zwei gleiche Zahlen gedreht?
b) Mit welcher Wahrscheinlichkeit ergibt sich aus den gedrehten Zahlen die Summe 16?

2 **Zwei Würfel werden gleichzeitig geworfen. Wie groß ist die Wahrscheinlichkeit, dass die beiden Würfel unterschiedliche Augenzahlen zeigen?**

3 **OTTO**
In einer Urne liegen 7 Buchstaben, viermal das O und dreimal das T. Es werden vier Buchstaben der Reihe nach mit Zurücklegen gezogen. Mit welcher Wahrscheinlichkeit

a) entsteht so das Wort OTTO;
b) lässt sich mit den gezogenen Buchstaben das Wort OTTO bilden?

4 **Wer gewinnt?**
Nina und Nele würfeln abwechselnd je einmal. Das Spiel ist zu Ende, wenn die Augenzahl 6 gefallen ist oder spätestens, wenn dreimal gewürfelt wurde. Nina beginnt.

a) Mit welcher Wahrscheinlichkeit gewinnt Nina und
b) mit welcher Wahrscheinlichkeit Nele?
c) Wie groß ist die Wahrscheinlichkeit, dass es bei einer Spielrunde keine Siegerin gibt?

Test

1 **Tennissocken verpacken** |12|

Jahrelang hat eine Firma Tennissocken einzeln verkauft, nun sollen sie in einer einzigen Verpackungsgröße auf den Markt kommen. Bei einer Kurzumfrage ließ man feststellen, in welchen Stückzahlen die Kunden bisher die Tennissocken kauften.

Anzahl der Socken (Angabe in Paar)	1	2	3	4	5	6	7	8	9	10
Häufigkeit	3	13	19	8	5	4	3	2	2	1

Berechne den Durchschnitt und den Zentralwert.
Welche Verpackungseinheit schlägst du vor?

2 **Zentralwert oder Mittelwert?** |6|

Würdest du dem Vorschlag zustimmen, künftig den „Notendurchschnitt" einer Mathematikarbeit nicht mehr mit dem arithmetischen Mittelwert, sondern mit dem Zentralwert zu bestimmen? Begründe deine Aussage.

3 **In einer Urne sind 12 Kugeln, von denen 3 weiß, 7 blau und 2 schwarz sind.** |15|

Es werden nacheinander 3 Kugeln gezogen, wobei das Experiment einmal „mit Zurücklegen" und einmal „ohne Zurücklegen" durchgeführt wird.
Berechne jeweils in beiden Fällen die Wahrscheinlichkeit dafür,

a) zuerst 2 blaue und dann eine weiße Kugeln zu ziehen,
b) genau 1 weiße Kugel zu ziehen,
c) 2 blaue und eine schwarze Kugel in beliebiger Reihenfolge zu ziehen,
d) 2 schwarze und eine blaue Kugel in beliebiger Reihenfolge zu ziehen,
e) maximal 2 nichtblaue Kugeln zu ziehen.

4 **Drei Freunde auf der Jagd** |7|

Drei Freunde gehen gemeinsam auf die Jagd. Immer, wenn eine Wildente auftaucht, schießen sie gleichzeitig. Ihre Treffersicherheit beträgt dabei 60%, 70% bzw. 80%. Welche Überlebenschance hat eine plötzlich auftauchende Ente?

|40|

Wie viele Punkte hast du? Erreichst du mehr als 31 Punkte, beherrschst du den Inhalt des Kapitels wirklich gut. Erreichst du weniger als 16 Punkte, dann solltest du dieses Kapitel wiederholen.

 # Terme – Lineare Gleichungen

7.1 Term und Zahl

▷ Begriffe wie Summe, Differenz, Produkt und Quotient kennen

Werden mathematische Zeichen wie Ziffern, Rechenoperatoren (+, −, …) oder Klammern zu einem sinnvollen Ausdruck verknüpft, so erhält man einen Term. Sehr häufig enthalten Terme auch eine Variable, die anstelle von einer Zahl steht. Setzt man für die Variable eine Zahl ein und führt dann die Rechenoperationen aus, so erhält man eine Zahl, den Wert dieses Terms.

BEISPIEL | **Terme und Variablen**

Terme mit einer Variablen

Die Grundgebühr des Handytarifs der Firma PhoneQuick beträgt monatlich 10 €. Das Telefonieren in alle Netze in Deutschland kostet pro Minute 0,19 €. Was kostet es, wenn du 45 Minuten bzw. 5 Stunden im Monat telefonierst?

1. Schritt: Was ändert sich nicht?   Grundgebühr (und Preis pro Minute)
2. Schritt: Was ändert sich, was ist variabel?   Telefondauer
3. Schritt: Variable festlegen $x :=$ Telefondauer in Minuten
4. Schritt: Term aufstellen $10 + 0,19 \cdot x$

Zur Berechnung der Kosten setzt man die Werte für x ein:

$x = 45$ Minuten: $10 + 0,19 \cdot 45 = 18,55 €$
$x = 300$ Minuten: $10 + 0,19 \cdot 300 = 67 €$.

Terme mit einer/mehreren Variablen

Die Firma TalkMuch bietet folgenden Handytarif an: Monatliche Grundgebühr 4,99 €, Gespräche im Festnetz und im eigenen Netz 0,29 € pro Minute, Gespräche in andere Netze 0,59 € je Minute. Was kostet es, wenn du 25 Minuten im Festnetz und im eigenen Netz und 20 Minuten in andere Netze telefonierst?

Variable: x: Telefondauer in Minuten ins Festnetz und ins eigene Netz
            y: Telefondauer in Minuten in andere Netze

Term: $4,99 + 0,29 \cdot x + 0,59 \cdot y$
            $x = 25$ Minuten, $y = 20$ Minuten:
            Kosten: $4,99 + 0,29 \cdot 25 + 0,59 \cdot 20 = 24,04 €$

> **TIPPS UND INFOS**　**Verkürzte Schreibweise**
>
> Oft benutzt man bei Termen mit Variablen eine verkürzte Schreibweise und lässt das Multiplikationszeichen weg: $4 \cdot x = 4x$.

1 **Terme berechnen**

Setze die Zahlen in die folgenden Terme ein und berechne den Wert des Terms.

a)

x	$2x - 4$	$2(x - 4)$	$2x - 8$
5			
4			
−4			

b)

y	$\frac{y}{2} + 2$	$y^2 - 4$	$-2(4 - 0{,}3y)$
5			
−0,4			
$\frac{3}{5}$			

2 **Gib für folgende Rechenvorschriften Terme mit einer Variablen an.**

a) Addiere 5 zu einer Zahl.
b) Subtrahiere 2 vom Doppelten einer Zahl.
c) Subtrahiere von einer Zahl 3, multipliziere danach mit 5.
d) Addiere zu einer Zahl 2, multipliziere danach das Ergebnis mit sich selbst.
e) Multipliziere eine Zahl mit $\frac{3}{4}$, subtrahiere davon das 4-Fache der Zahl.
f) Subtrahiere vom Quadrat einer Zahl ihren 4. Teil.
g) Multipliziere eine Zahl mit der um 1 kleineren Zahl.
h) Quadriere die um 2 kleinere Zahl.

3 **Aus der Physik**

a) Bei einem Gewitter hört man den Donner umso später, je weiter der Blitz entfernt ist. Dividiert man die Zeit t (in Sekunden) zwischen Blitz und Donner durch 3, so erhält man etwa die Entfernung des Blitzes in Kilometern. Stelle einen Term auf.
b) In der Fahrschule lernt man als Faustregel zur Berechnung des Bremsweges in Metern: „Dividiere die Geschwindigkeit v $\left(\text{in } \frac{km}{h}\right)$ durch 10 und quadriere danach das Ergebnis." Gib für die Berechnung des Bremsweges einen Term an. Wie lang ist der Bremsweg, wenn ein Auto $30 \frac{km}{h}$ fährt?

4 Berechne die Terme.

a)

x	y	$2x - y$	$3(x + y)$
5	2		
4	$-0{,}5$		
-4	$-2{,}5$		

b)

x	y	$x^2 - y$	$-2(x - y)$
5	3		
$-0{,}4$	2		
$\frac{3}{5}$	-1		

5 Beschreibe die Rechenvorschrift in Worten.

a) $4x + \dfrac{3}{5}$ b) $(y \cdot 5 - 3) \cdot 2$ c) $(x + 1) \cdot (x - 1)$

6 Aus der Geometrie

Gib einen Term für den Oberflächeninhalt eines Quaders mit den Kantenlängen a, b, c an. Berechne den Oberflächeninhalt für $a = 5\,cm$; $b = 6\,cm$; $c = 4{,}5\,cm$.

7.2 Umformen von Termen

WAS DU SCHON KÖNNEN MUSST

▷ Mit rationalen Zahlen rechnen
▷ Das Distributivgesetz anwenden

DARUM GEHT ES

Terme lassen sich nach bestimmten Rechenregeln vereinfachen und zusammenfassen. Hier erfährst du, wie das geht.

DAS MUSST DU WISSEN	Gleichartige Terme

Terme, bei denen die gleiche(n) Variable(n) in der gleichen Potenz vorkommt bzw. vorkommen, heißen **gleichartige Terme**. Sie können bei Summen und Differenzen zusammengefasst werden.

Beispiele:

$x + x + x = 3x$ $y + 3 + 5y = 3 + 6y$

$2a^2 - 4a^2 = -2a^2$ $2a + 3b + 3b - 4a = -2a + 6b$

$2xy + 3xy - 4xz + 7xz = 5xy + 3xz$

In Produkten kann man gleiche Faktoren zu **Potenzen** zusammenfassen.
Beispiele:

$y \cdot y \cdot y \cdot y \cdot y = y^5$

$5x \cdot 2x^2 = 10x^3$

$2a \cdot 3a = 6a^2$

$2a \cdot b \cdot 3b^2 \cdot a = 6a^2b^3$

Für Terme gilt das **Distributivgesetz** $a\,(b + c) = ab + ac$.
Beispiele:

$3\,(x + 4) = 3x + 12$

$7\,(x^2 - 0{,}5) = 7x^2 - 3{,}5$

$-2\,(5 + z) = -10 - 2z$

$-0{,}2\,(2x - y) = -0{,}4x + 0{,}2y$

1 Vereinfache die Terme.

a) $5x + 7y - 8x + 2y$

b) $3a + 4b + 2b - 3a$

c) $0{,}5y + 3z + 3{,}2y - 7{,}5z$

d) $0{,}4a + 0{,}3b - 0{,}2c + 0{,}3c - 0{,}2b - 0{,}3a$

e) $4x^2 + 3x^2 - 8 + 12$

f) $12x - 3x^2 + 24x^2 + 13x - 3x^2$

g) $\dfrac{3}{4}x + \dfrac{3}{4}x + \dfrac{3}{4} + \dfrac{1}{2}$

h) $\dfrac{1}{4}a + \dfrac{1}{2}b + \dfrac{1}{3}a - + \dfrac{2}{3}b$

2 a) $x \cdot x \cdot x \cdot x$

b) $x \cdot x \cdot y \cdot y$

c) $12x \cdot 4x$

d) $0{,}5x^2 \cdot 2x \cdot 3x$

e) $2{,}4\,u : (-6)$

f) $4a \cdot 2b \cdot 3a \cdot 0{,}25b$

g) $\dfrac{11}{12}x \cdot \dfrac{1}{2}y \cdot \dfrac{12}{11}x^2$

h) $0{,}25z \cdot \dfrac{1}{3}z \cdot (-1)\,x$

3 Löse die Klammern auf.

a) $(a + b) \cdot 3$

b) $2{,}5\,(3 - r)$

c) $0{,}5\,(3 - 0{,}2x)$

d) $a \cdot (2b + 3c)$

e) $\dfrac{1}{2}\left(x - \dfrac{1}{2}y\right)$

f) $(18y + 21z) : 3$

g) $0{,}3x\left(-\dfrac{1}{2}x^2 + \dfrac{1}{4}\right)$

h) $0{,}7r \cdot \left(2s + 4t - \dfrac{1}{2}v\right)$

4 Löse die Klammern auf und vereinfache dann.

a) $3x + 4\,(1 - x)$

b) $5\,(2 + 3x) + 0{,}5\,(8 - 2x)$

c) $2a - 2\,(2 + 4b) + 0{,}25\,(-8b + 20)$

d) $4x\,(x + 2) + x\,(3 - x)$

e) $0{,}3\,(a^2 + b) - 2a\,(a + 3) + b\,(0{,}5 + a)$

f) $\dfrac{1}{4} - \left(0{,}25 + \dfrac{1}{2}x\right) + 0{,}5x$

g) $\dfrac{1}{2}ab\,(a + b) - a^2b\left(2 - \dfrac{1}{4}b\right) + 5a^2b^2$

h) $(14z - 7) : 7 + 3{,}5z$

7.3 Lösen von linearen Gleichungen

7.3.1 Lösen von einfachen Gleichungen

WAS DU SCHON KÖNNEN MUSST

▷ Terme vereinfachen und Zahlen in Terme einsetzen

DARUM GEHT ES

Viele Probleme in der Mathematik führen auf Gleichungen, die sich mit verschiedenen Methoden lösen lassen.

Du vereinfachst dabei die Gleichung durch Termumformung und formst die Gleichung mithilfe von Rechenoperationen um. Am Ende erhältst du eine Lösung bzw. eine Lösungsmenge.

Umformungen einer Gleichung, bei denen sich die Lösungsmenge nicht ändert, heißen **Äquivalenzumformungen.**

BEISPIEL   **Wahr oder falsch?**

Setze $x = 2$ in die folgende Gleichung ein und überprüfe, ob sich eine wahre oder falsche Aussage ergibt.

a) $3x = 6$ b) $-4{,}5x = -9$ c) $27x = 53$

d) $2x + 1 = 5$ e) $3x - 2 = 2$

DAS MUSST DU WISSEN   **Erlaubte Äquivalenzumformungen**

▶ Termvereinfachungen
▶ Beidseitige Subtraktion oder Addition einer Zahl oder eines Terms
▶ Beidseitige Multiplikation oder Division mit einer Zahl ungleich Null

Beispiel: Du suchst nach einer Lösung für die dir unbekannte Zahl x in der Gleichung
$8x + 7 - 3x = 32$.

Lösung:

1.	$8x + 7 - 3x = 32$	Termvereinfachung durch Zusammenfassen
2.	$5x + 7 = 32 \mid -7$	(Auf beiden Seiten des Gleichheitszeichens wird 7 abgezogen.)
3.	$5x = 25 \mid : 5$	(Auf beiden Seiten des Gleichheitszeichens wird durch 5 geteilt.)
4.	$x = 5$	
5.	$L = \{5\}$	Die Lösungsmenge enthält in diesem Fall nur ein Element.

In diesem Beispiel findest du nacheinander die folgenden, wesentlichen Schritte:
▶ Termvereinfachung,
▶ beidseitige Subtraktion,
▶ beidseitige Division.

So machst du die Probe:
Setze deine Lösung in die Ausgangsgleichung und rechne:
$8 \cdot 5 + 7 - 3 \cdot 5 = 32$
$\quad 40 + 7 - 15 = 32$
$\qquad\qquad 32 = 32$
Auf beiden Seiten der Gleichung erhältst du den gleichen Wert, also hast du richtig gerechnet.

TIPPS UND INFOS	Terme auf der Waage

Du kannst dir die Umformung einer Gleichung auch mithilfe einer Balkenwaage vorstellen.
Beispiel: $2x + 7 = 13$.

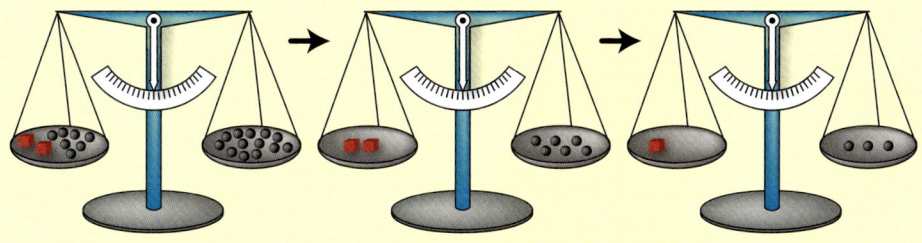

1. Schritt: Auf beiden Seiten werden 7 Gewichtseinheiten weggenommen.
2. Schritt: Auf beiden Seiten werden die Gewichte halbiert.
Rechnung:
$2x + 7 = 13 \qquad | - 7$
$\quad 2x = 6 \qquad | : 2$
$\quad\; x = 3$
$\quad\; L = \{3\}$

1 Löse mithilfe von Äquivalenzumformungen.

a) $9x = 27$ b) $3x - 2 = 13$ c) $8 + 3x = 11x$

d) $-4x = 3 - 5x$ e) $3y + 7 = 28$ f) $0{,}5z - 3 = 2z$

2 Löse die Gleichungen. Mach die Probe.

a) $\frac{1}{2}x + 2 = 3$ b) $3 - \frac{1}{2}x = 6$ c) $2x + 8 = \frac{2}{3}x$

d) $\frac{1}{2}x = 4 - \frac{1}{3}x$ e) $0{,}4x - 8 = 1{,}2x$ f) $0{,}5x - 2 = \frac{3}{4}x$

3 Bestimme die Lösungsmenge.

a) $4x + 3 = x - 3$ b) $3 - 2x = 6x + 2$

c) $3x + 2 = -17 + x + 19$ d) $-4x + 5 - 3x = 2$

e) $0{,}5x + 3{,}5 = 7{,}5 - 2{,}5x$ f) $-3 + 5x - 7 = 3 - 0{,}5x - 2{,}5x$

4 a) $5 - \frac{1}{2}x = 3 + \frac{1}{2}x$ b) $\frac{2}{5}x + \frac{1}{2} = \frac{1}{2}x + 2$

c) $\frac{x}{7} + 3 = -31 + \frac{2}{3}x$ d) $-\frac{1}{3}x + 2 - \frac{1}{3}x = \frac{3}{4} - 2x$

e) $0{,}2x + 3{,}25 = \frac{1}{2}x - 1{,}75$ f) $\frac{1}{3}x - 2\frac{1}{4} = -3{,}2 - 0{,}3x$

7.3.2 Lösen von Gleichungen mit Klammerausdrücken

WAS DU SCHON KÖNNEN MUSST

▷ Verschiedene Äquivalenzumformungen und Rechengesetze (insbesondere das Distributiv-gesetz) anwenden

DARUM GEHT ES

Du löst Klammern durch Anwendung des Distributivgesetzes auf, d. h., der Term wird durch „Ausmultiplizieren" vereinfacht. Anschließend löst du die Gleichung durch Äquivalenzumformungen.

DAS MUSST DU WISSEN	Distributivgesetz

$a \cdot (b + c) = a \cdot b + a \cdot c$ (1)

$a \cdot (b - c) = a \cdot b - a \cdot c$ (2)

Steht ein negativer Faktor $-a$ vor der Klammer, kehren sich die Vorzeichen aus der Klammer um:

$-a \cdot (b + c) = -a \cdot b - a \cdot c$ (3)

$-a \cdot (b - c) = -a \cdot b + a \cdot c$ (4)

Beispiel:

$8(2x + 7) = 6 - 3(x - 4)$

Du suchst nach einer Lösung für die dir unbekannte Zahl x in einer Gleichung, in der ein Klammerausdruck vorkommt. Der jeweilige Klammerausdruck wird durch „Ausmultiplizieren" vereinfacht:

1. $\quad 8(2x + 7) = 6 - 3(x - 4)$ $\qquad$ | Klammern auflösen
2. $8 \cdot 2x + 8 \cdot 7 = 6 - 3 \cdot x + 3 \cdot 4$
3. $\quad 16x + 56 = 6 - 3x + 12$
4. $\quad 16x + 56 = 18 - 3x$ $\qquad$ | -18
5. $\quad 16x + 38 = -3x$ $\qquad$ | $-16x$
6. $\qquad 38 = -19x$ $\qquad$ | $:(-19)$

$\qquad x = -2$

$\qquad L = \{-2\}$

Hier wird in der zweiten Zeile zweimal das Distributivgesetz angewendet:

Linke Seite $\qquad$ siehe S. 104 (1)

Rechte Seite $\qquad$ siehe S. 104 (4)

1 Löse mithilfe von Äquivalenzumformungen.

a) $3(x + 2) = 9$

b) $4(x - 2) = 7 + x$

c) $-12 + 2(x + 3) - 24$

d) $6(x - 3) = 5(x - 3)$

e) $(x - 4) \cdot 3 = -2(x + 2,5)$

f) $-3(1,5x + 1) + 12 = (x + 2) \cdot 2,5$

2 Bestimme die Lösungsmenge.

a) $\frac{3}{4}(x + 3) = 6$

b) $2 + 8\left(\frac{1}{4}x + 3\right) = 26$

c) $2\left(\frac{1}{2}x - \frac{3}{4}\right) = \frac{1}{3}(x + 2)$

d) $2\left(1 - \frac{1}{2}x\right) = \left(x - \frac{1}{3}\right) \cdot 3$

e) $\frac{1}{5}(x - 2) = \frac{1}{4}\left(x - \frac{1}{4}\right)$

f) $0,5\left(2 - \frac{1}{2}x\right) = \frac{1}{4}(8 - 4x)$

3 a) $4 - 2 \cdot (x - 3) = 2 + 8(x - 1,5)$

b) $10x - (3 - 5x) = 3x + 9$

c) $8x - (2x - 1) = 6 + 2(1 + 1,5x)$

d) $8 - (3x - 2) \cdot 4 = 2(x + 7) - (x + 2)$

4 a) $2,5x = 3 - \left(5 - \frac{1}{2}x\right)$

b) $\frac{1}{5} - 3\left(\frac{1}{2} - 0,5x\right) - x = -\frac{1}{4}$

c) $\frac{1}{4}x - \frac{1}{2}\left(1 + \frac{1}{2}x\right) = \frac{3}{4} - \frac{1}{2}(x + 1)$

d) $\frac{1}{3}x - 0,25\left(2 - \frac{1}{2}x\right) = -\frac{1}{4}\left(2 + \frac{1}{2}x\right)$

7.3.3 Anzahl der Lösungen von linearen Gleichungen

WAS DU SCHON KÖNNEN MUSST

▷ Verschiedene Äquivalenzumformungen und Rechengesetze (Distributivgesetz) anwenden

DARUM GEHT ES

Die Lösungsmenge für eine lineare Gleichung muss nicht immer aus einem eindeutig bestimmten Wert bestehen.

Es gibt für lineare Gleichungen drei mögliche Fälle:

- Die Gleichung hat eine eindeutig bestimmte Lösung.
- Die Gleichung hat keine Lösung.
- Die Gleichung hat unendlich viele Lösungen.

BEISPIELE **Lösungen linearer Gleichungen**

Beispiel I:

1. $\quad 4(2{,}5 - 2x) = -2(4x + 5)$ | Klammern auflösen
2. $4 \cdot 2{,}5 - 4 \cdot 2x = -2 \cdot 4x - 2 \cdot 5$
3. $\quad 10 - 8x = -8x - 10$ | $+8x$
4. $\quad\quad 10 = -10$ Diese Aussage ist offensichtlich falsch. Schlussfol-
   $\quad\quad L = \{\ \}$ gerung für die Lösungsmenge: Es gibt keine Lösung.

Die Gleichung im Beispiel I hat keine Lösung.

Beispiel II:

1. $\quad 4 \cdot (3x - 1) + 5 = 12x + 1$ | Klammern auflösen
2. $4 \cdot 3x - 4 \cdot 1 + 5 = 12x + 1$
3. $\quad 12x - 4 + 5 = 12x + 1$
4. $\quad\quad 12x + 1 = 12x = +1$ | -1
5. $\quad\quad 12x = 12x$ Diese Aussage ist offensichtlich wahr.
   $\quad\quad L = \mathbb{Q}$ Sie gilt für jede rationale Zahl.

Die Gleichung im Beispiel II hat unendlich viele Lösungen. In diesem Fall sagt man auch: Die Gleichung ist allgemeingültig. Beispiele für eine eindeutige Lösung kennst du bereits aus den vorherigen Kapiteln.

---

1 Bestimme die Lösungsmenge.

a) $7x + 5x + 2 = 2x + 2 + 10x$

b) $2x + 9x + 2 = 8x + 4 + 3x$

c) $3(2x + 8) = -6x - 4$

d) $3x + 4 = 0{,}5(2{,}5x + 8)$

2 Bestimme die Lösungsmenge.

a) $-(x + 4) = 0{,}5(8 - 2x)$

b) $\frac{1}{2}(x + 2) - \frac{1}{4}x = \frac{3}{2} + \frac{1}{4}(x + 2)$

c) $\frac{5}{6}(x + 1) - \frac{1}{6} = 5 - \frac{1}{15}(x - 2)$

d) $\frac{5}{9}\left(x - \frac{3}{2}\right) - \frac{4}{9}(3 + x) = \frac{2}{3}\left(x + \frac{7}{4}\right)$

7.3.4 Anwendungsaufgaben

DARUM GEHT ES

Du stellst eine Gleichung nach den Vorgaben eines Sachtextes auf, die du mithilfe von Äquivalenzumformungen und der Anwendung der Rechengesetze löst.

DAS MUSST DU WISSEN	Lösen von Sachaufgaben

1. Text aufmerksam durchlesen
2. Variable festlegen
3. Terme aufstellen
4. Gleichung notieren
5. Gleichung lösen
6. Antwortsatz formulieren

Beispiele:

(I) Bei einer Werbeaktion verschenkt eine Telefongesellschaft Prepaid-Karten für Handys. Eine Karte besitzt den Wert von 10 €. Wie viele Gesprächsminuten hat man, wenn ein Gespräch 0,49 € pro angefangener Minute kostet, und man zur Aktivierung der Karte ein Gespräch zum Preis von 1,49 € führen muss?

Lösung:

$x :=$ Anzahl der Gespräche für 0,49 €

Term 1: 1,49 € + 0,49 € x

Term 2: 10 €

Gleichung:

$$1{,}49 \text{€} + 0{,}49 \text{€}\, x = 10 \text{€} \qquad | - 1{,}49 \text{€}$$
$$0{,}49 \text{€}\, x = 8{,}51 \text{€} \qquad | : 0{,}49 \text{€}$$
$$x \approx 17{,}4$$

Antwort: Mit der Prepaid-Karte kann man 17 Minuten telefonieren.

(II) Welche vier aufeinanderfolgende Zahlen haben die Summe 74?

Lösung: $x :=$ erste Zahl, $x + 1 :=$ zweite Zahl; $x + 2 :=$ dritte Zahl; $x + 3 :=$ vierte Zahl

Term 1: $x + x + 1 + x + 2 + x + 3$

Term 2: 74

Gleichung: $x + x + 1 + x + 2 + x + 3 = 74$

$$4x + 6 = 74 \qquad | - 6$$
$$4x = 68 \qquad | : 4$$
$$x = 17$$

Antwort: Die erste Zahl lautet 17, die weiteren Zahlen sind 18, 19 und 20.

1 **Ein Paket voll Dosen**

Ein Paket soll insgesamt höchstens 10 kg wiegen. Verpackung und Karton wiegen 750 g. Wie viele Dosen zu 250 g kann man höchstens in das Paket einpacken?

2 **Der bessere Tarif**

Die Grundgebühr des Handytarifs der Firma PhoneQuick beträgt monatlich 10 €. Das Telefonieren in alle Netze in Deutschland kostet 0,19 € pro Minute. Die Firma TalkMuch verlangt für die gleichen Leistungen eine Grundgebühr von 4,99 € und das Telefonieren in alle Netze kostet 0,29 €. Bei wie vielen Gesprächsminuten sind die Kosten gleich?

3 **Zahlenrätsel**

a) Die Summe von zwei aufeinanderfolgenden natürlichen Zahlen beträgt 43. Wie lauten die beiden Zahlen?

b) Zwei Zahlen haben die Summe 80. Die zweite Zahl ist um 16 größer als die erste. Wie lauten die beiden Zahlen?

4 **Aus der Geometrie**

Wie groß sind die Seitenlängen in den Figuren, wenn der Umfang 20 cm beträgt?

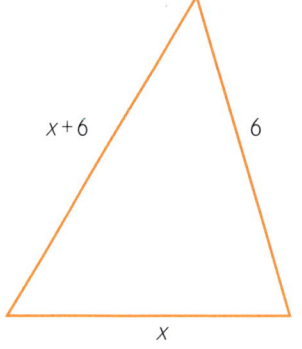
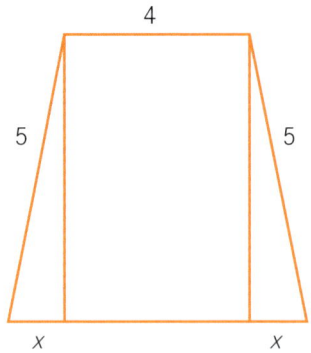
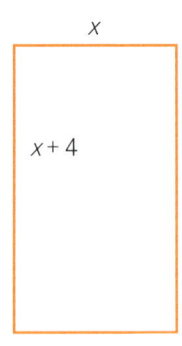

Test

1 Löse folgende Gleichungen.
Gib die Lösungsmenge an (Grundmenge $\mathbb{Q}$). |12|

a) $\frac{1}{2}x + 2 = 4$

b) $\frac{3}{4}x = \frac{5}{6} - \frac{1}{2}x$

c) $4(3x + 1) = 5x + 18$

d) $10x - (3 - 5x) = 3x + 9$

2 Dreiecksfläche |5|
Für die Fläche eines Dreiecks gilt die Formel: $A = \frac{g \cdot h}{2}$. Löse die Formel zuerst nach g
auf. Berechne die Länge der Grundseite g, wenn $A = 9\,cm^2$ und $h = 12\,cm$ ist.

3 Bei einem Videorekorderverleih gibt es zwei Angebote: |8|
A: Einmalige Zahlung von 30 € und 2,50 € pro Leihtag.
B: Keine einmalige Zahlung und pro Leihtag 3 €.
Nach wie vielen Leihtagen kosten beide Angebote gleich viel?
Welches Angebot würdest du für vier Wochen wählen?

4 Die Summe von zwei aufeinanderfolgenden natürlichen Zahlen beträgt 335. |5|
Wie lauten die beiden Zahlen?

5 Bestimme die Anzahl der Lösungen und gib diese an. |9|

a) $4(2,5 - 2x) = -2(4x + 5)$
b) $4(2,5 - 2x) = -2(4x - 5)$
c) $4(2,5 - 2x) = -2(-4x + 5)$

|39|

Wie viele Punkte hast du? Erreichst du mehr als 31 Punkte, beherrschst du den Inhalt des Kapitels wirklich
gut. Erreichst du weniger als 15 Punkte, dann solltest du dieses Kapitel wiederholen.

Stichwortverzeichnis

Bedeutung	Bezeichnung in diesem Buch	abweichende Bezeichnungen in anderen Büchern
Zuordnung zweier Größen	$x \rightarrow y$	$x \mapsto y$
Proportionalitätsfaktor	q	
Zinsen in der Zeit t	Z_t	
Zinssatz	p	
Zeit	t	
Prozentwert	P	
Grundwert	G	
Menge rationaler/ganzer Zahlen	$\mathbb{Q}, \mathbb{Z}$	
leere Menge	$\{\ \}, \varnothing$	
Lösungsmenge	L	
Betrag einer Zahl a	$|a|$	
Winkel alpha, beta, gamma, delta, epsilon, eta	$\alpha, \beta, \gamma, \delta, \varepsilon, \eta$	
Winkeleinheit Grad	$^\circ$	
Gerade	g	
parallele Geraden g_1 und g_2	$g_1 \| g_2$	
(Eck-)Punkte in ebenen Figuren	$A, B, C, D, ...; A', B', C', D', ...$	
Strecken (Seiten) in ebenen Figuren	$\overline{AB}, \overline{BC}, \overline{CD}$	
größer/kleiner als (Ungleichungen)	$a > b, b < a$	
Winkel zwischen den Seiten $\overline{AC}$ und $\overline{BC}$ eines Vielecks	$\sphericalangle ACB$	
Winkelhalbierende, Seitenhalbierende, Höhe im Dreieck	w_α, s_b, h_c	
Umkreismittelpunkt, Innkreismittelpunkt, Schwerpunkt eines Dreiecks	U, I, S	
Radius	r	
Punkt einer Figur mit Koordinaten	$A\,(0\,|\,5)$	$A\,(0;5)$
Kreisumfang	U	u
Kreisdurchmesser	d	D
Flächeninhalt	A	
arithmetisches Mittel/Mittelwert	$\overline{x}$	
Wahrscheinlichkeit eines Laplace-Experiments	$P(E)$	
periodische Zahl (z. B. 0 Komma Periode 6)	$0,\overline{6} = 0,666...$	
Ereignis und Gegenereignis	E und $\overline{E}$	
Variablen linearer Gleichungen	$a, b, c, ... x, y, z$	

LÖSUNGSHEFT

BESSER IN

Mathematik

7. KLASSE

GYMNASIUM

DUDEN

Größen und Daten **1**

1.1 Zuordnungen

Übung 1   Seite 8
a) 9,36; 23,40; 39,00; 87,36
b) 3,84; 9,60; 16,00; 35,84

Übung 2   Seite 8
15 (1; 3; 5; 15), 16 (1; 2; 4; 8; 16), 23 (1; 23)

Übung 3   Seite 8
a) eindeutig;   b) – e) mehrdeutig

1.2 Proportionale Zuordnungen

Übung 1   Seite 9
b) – e) keine proportionale Zuordnung, da Mehrdeutigkeit vorliegt

Übung 2   Seite 9
a) 42,50 €   b) 11,16 €   c) 4,95 €   d) 29,80 €

Übung 3   Seite 10
a) ja   b) nein

Übung 4   Seite 10
a) 7; 10,50; 4; 35; 70
b) 0,8$\overline{3}$, 0,41$\overline{6}$; 24; 7,5; 10

Übung 5   Seite 10
a) 38,97 €   b) 26,80 $ c) 6,00 €

Übung 6   Seite 10
8 Minuten

Übung 7   Seite 11
a) 10 km; 3 h; 20 km

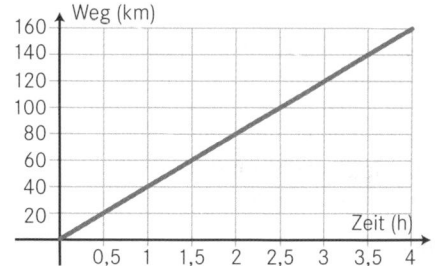

b) 2 h; 2,5 h; 140 km

Übung 8   Seite 12
21 cm

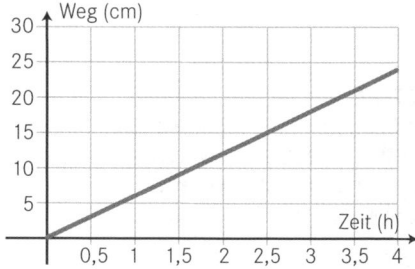

1.3 Antiproportionale Zuordnungen

Übung 1 Seite 13
a) 4 Tage
b) 4 Tage
c) 150 Gläser
d) 4,5 h

Übung 2 Seite 13
a) nein
b) ja

Übung 3 Seite 14
a) 15; 10; 5; 3; 1,5
b) 600; 1 200; 120; 50; 10

Übung 4 Seite 14
a) 8 Tage
b) 40 Tage
c) 50 min

Übung 5 Seite 15
a)

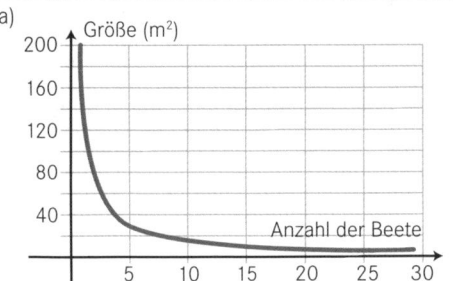

b) 6 m²
c) 18,75 m²
d) 30 Beete

1.4 Dreisatzrechnen mit proportionalen Zuordnungen

Übung 1 Seite 16
a) 10,50 €
b) 6,93 €
c) 108 l
d) 546 €
e) 1,575 €
f) 16 800 l

Übung 2 Seite 17
a) 2,70 €
b) 37,5 sec
c) 1,16 €

Übung 3 Seite 17
630 kcal; 15 g Eiweiß; 93 g Kohlenhydrate;
22,5 g Fett; 8,1 g Ballaststoffe; 1,05 g Natrium;
0,75 mg Vitamin B1; 4,5 mg Eisen;
150 mg Magnesium

1.5 Dreisatzrechnen mit antiproportionalen Zuordnungen

Übung 1 Seite 18
a) 36 bzw. 9 Fuhren
b) 243 bzw. 121,5 h
c) 60 bzw. 15 Verpackungen
d) 2 Maschinen: 63 h; 18 Maschinen: 7 h
e) 1 LKW: 168 Fuhren; 7 LKW: 24 Fuhren
f) 50 g: 45 Verpackungen; 250 g: 9 Verpackungen

Übung 2 Seite 19
a) 14 Tage
b) 9 h
c) $196,\overline{36}$
d) 6 Monate
e) 56 h
f) 27 Zeilen

1.6 Quotientengleicheit und Produktgleichheit

Übung 1 Seite 21
a) ja; $x \to 3x$
b) nein

Übung 2 Seite 21
a) nein
b) ja; $x \to \frac{0,5}{x}$

Übung 3 Seite 22
a) 2; 12; 4; 20; 2; $x \to 4x$
b) 0,5; $\frac{4}{3}$; 0,25; $\frac{4}{5}$; 8; $x \to \frac{4}{x}$

Test

Übung 1 Seite 23
a) proportional: je mehr Zeit, desto mehr tropft
aus dem Wasserhahn
b) $x \to \frac{4}{5}x$

Übung 2 Seite 23
a) proportional: 20; 0,625; 0,2; 0,125
b) antiproportional: 1,25; 40; 20; 200

Übung 3 Seite 23
a) 4 Monate
b) 600 l

Übung 4 Seite 23
12 Fuhren

Übung 5 Seite 23
Aufgabe lässt sich nicht eindeutig lösen; weder
proportional noch antiproportional.

2.1 Monats– und Tageszinsen

Übung 1 Seite 26
66,67 €

Übung 2 Seite 26
a) 11,25 € b) 10,31 €

Übung 3 Seite 26
a) 1,67 € b) 1.200 € c) 4 %
d) 25,73 € e) 2.400 €

Übung 4 Seite 26
a) 0,83 € b) 10,63 €

Übung 5 Seite 27
a) 1,67 € b) 2,5 % c) 1 Tag
d) 18,87 € e) 3 %

Übung 6 Seite 27
6,12 %

Übung 7 Seite 27
408 €

2.2 Prozentuale Änderung

Übung 1 Seite 28
568,40 €

Übung 2 Seite 28
23.681 €

Übung 3 Seite 28
Herr Kieslowski 6 %; Frau Hermann 6,5 %

Übung 4 Seite 28
108,40 €

Test

Übung 1 Seite 29
450 €

Übung 2 Seite 29
8 %

Übung 3 Seite 29
2.000 €

Übung 4 Seite 29
18 %

Übung 5 Seite 29
250 €

Übung 6 Seite 29
Mobiltelefone 5,1 %; Kleidung 1,6 %

Übung 7 Seite 29
a) 1.089 € b) 21 %

Übung 8 Seite 29
2.800 €

(3) Rationale Zahlen

3.1. Anordnung rationaler Zahlen

Übung 1 Seite 30
a) $-7 < -5,5 < 0,5 < \frac{5}{3} < 2$
b) $-10,3 < -9 < -3,5 < -3\frac{2}{5} < 4 < \frac{25}{6} < 4,8$
c) $-\frac{7}{12} < -\frac{3}{7} < -0,4 < 2 < 2\frac{1}{3} < 3$

Übung 2 Seite 31
a) $\frac{9}{2} > 4 > 0 > -7\frac{1}{2} > -22 > -31$

b) $7,4 > 3 > \frac{5}{6} > -0,5 > -\frac{5}{6} > -4 > -23$
c) $-\frac{4}{7} > -\frac{3}{4} > -4,3 > -\frac{9}{2}$

Übung 3 Seite 31
Thales von Milet, 625 v. Chr
Pythagoras von Samos, 580 v. Chr.
Eudoxos von Knidos, 408 v. Chr
Euklid, um 300 v. Chr.
Eratosthenes von Kyrene, um 284 v. Chr.
Hypatia, um 370 n. Chr.

Al–Hwarizmi, um 800 n. Chr.
Leonhard Euler, 1707 n. Chr.
Maria Agnesia, 1718 n. Chr.
Joseph Louis Lagrange, 1736 n. Chr.
Carl Friedrich Gauß, 1777 n. Chr.
Nils Abel, 1802 n. Chr.

Übung 4   Seite 31
a) $-3,5 < -3\frac{1}{3}$ b) $\frac{7}{9} < \frac{5}{6}$

c) $-\frac{13}{7} < -\frac{16}{9}$ d) $-2\frac{1}{4} < -2,23$

Übung 5   Seite 31
a) 4   b) 3,25   c) $-3,25$ d) 0,125

Übung 6   Seite 31
a) $-4; -5$ b) $-1; 0; 1; 2; 3$
c) $-3; -2; -1; 0; 1$ d) 0; 1; 2

3.2. Betrag rationaler Zahlen

Übung 1   Seite 32
a) $+5; -1\,250; +6,25; -\frac{1}{5}; +3\frac{2}{3}$

b) $+200; -78; +23,3; +32,2; -\frac{3}{4}; +\frac{1}{12}; -\frac{23}{6}$

c) $6; 12; 7,25; 3,6; 2,25; \frac{1}{4}; \frac{3}{8}; 4\frac{2}{9}$

Übung 2   Seite 32
a) $-27; +27$ b) $-4,3; +4,3$ c) $-\frac{1}{2}; +\frac{1}{2}$

d) $-7\frac{3}{4}; +7\frac{3}{4}$ e) 0

Übung 3   Seite 33
a) $|-31| > |-22| > \left|-7\frac{1}{2}\right| > \left|\frac{9}{2}\right| > |4| > |0|$

b) $|3| > \left|2\frac{1}{3}\right| > |2| > \left|-\frac{7}{12}\right| > \left|-\frac{3}{7}\right| > |-0,4|$

Übung 4   Seite 33
a) 2   b) 8   c) 9   d) $\frac{5}{8}$ e) 210
f) 195   g) $\frac{2}{3}$ h) 9   i) 12,3

Übung 5   Seite 33
a) 15   b) 12

Übung 6   Seite 33
$+2,3; -2,5$

Übung 7   Seite 33
a) $-2; -1; 0; +1; +2;$ b) $-5; -4; -3; +3$

c) $+2; +3$ d) $-3; -2; +2; +3$
e) $-5; -4; -3$

3.3. Addition und Subtraktion rationaler Zahlen

Übung 1   Seite 35
a) 105   b) -65 c) -105 d) 65
e) 20,1   f) 14,5   g) $-20,1$ h) $-14,5$

i) $\frac{5}{6}$ j) $\frac{1}{6}$ k) $-\frac{1}{6}$ l) $-\frac{5}{6}$

Übung 2   Seite 35

+	-7	3,5	$-\frac{1}{5}$
4	-3	7,5	$3\frac{4}{5}$
$-1,5$	$-8,5$	2	$-1,7$
$-\frac{1}{4}$	$-7\frac{1}{4}$	3,25	$-\frac{9}{20}$

+	9	$-\frac{2}{5}$	$-3,8$
-12	-3	$-12\frac{2}{5}$	$-15,8$
2,3	11,3	1,9	$-1,5$
$-\frac{3}{4}$	$8\frac{1}{4}$	$-\frac{23}{20}$	$-4,55$

Übung 3   Seite 35

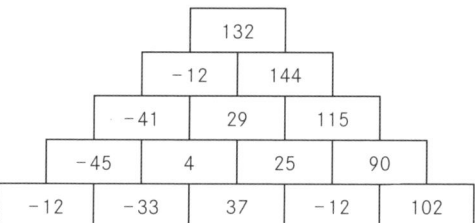

Übung 4   Seite 35
a) -8 b) $-0,7$ c) $-\frac{7}{20}$ d) $-0,75$

e) $-2,55$ f) $-2\frac{3}{4}$

Übung 5   Seite 36
a) -65 b) 105   c) 65   d) -105
e) 14,5   f) 20,1   g) $-14,5$ h) $-20,1$

i) $-\frac{1}{6}$ j) $-\frac{5}{6}$ k) $\frac{5}{6}$ l) $\frac{1}{6}$

Übung 6   Seite 36

−	-7	3,5	$-\frac{1}{5}$
4	11	0,5	$4\frac{1}{5}$
$-1,5$	5,5	-5	$-1,3$
$-\frac{1}{4}$	$6\frac{3}{4}$	$-3,75$	$-\frac{1}{20}$

−	9	$\frac{2}{5}$	$-3,8$
-12	-21	$-12\frac{2}{5}$	$-8,2$
2,3	$-6,7$	1,9	6,1
$-\frac{3}{4}$	$-9\frac{3}{4}$	$-1\frac{3}{20}$	3,05

Übung 7 Seite 37

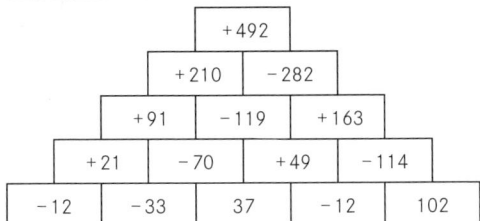

		+492		
	+210		−282	
	+91	−119	+163	
+21	−70	+49	−114	
−12	−33	37	−12	102

Übung 8 Seite 37

a) 2 b) 2,2 c) 0,65
d) 4,75 e) 3,15 f) 3,15

Übung 9 Seite 37

a) 3,3; 3,3; 4,0; 8,1; 10,1
b) am meisten: Freitag,
am wenigsten: Montag und Dienstag

Übung 10 Seite 38

a) 60 Meter b) 2 590 Jahre

Übung 11 Seite 39

a) 647 b) −833 c) 33,6 d) $-\frac{7}{20}$
e) −2 f) 1 g) −14 h) −2

Übung 12 Seite 39

602 €; −171 €; 73,7 €; −1.265,80 €; +575 €;
−285 €

3.4. Multiplikation und Division mit rationalen Zahlen

Übung 1 Seite 40

a) 156 b) −156 c) −156 d) 156
e) −2,21 f) 2,21 g) 2,21 h) −2,21

i) $\frac{9}{28}$ j) $-\frac{9}{28}$ k) $-\frac{9}{28}$ l) $\frac{9}{28}$

Übung 2 Seite 40

·	−7	3,5	$-\frac{1}{5}$	·	9	$\frac{2}{5}$	−3,8
4	−28	14	$-\frac{4}{5}$	−12	−108	−4,8	45,6
−1,5	10,5	−5,25	0,3	2,3	20,7	0,92	−8,74
$-\frac{1}{4}$	1,75	−0,875	$\frac{1}{20}$	$-\frac{3}{4}$	$-6\frac{3}{4}$	$-\frac{3}{10}$	2,85

Übung 3 Seite 41

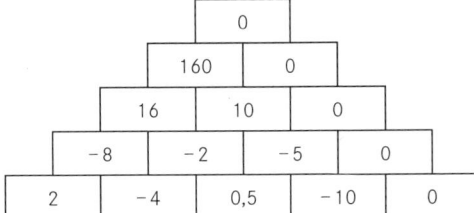

		0		
	160		0	
	16	10	0	
−8	−2	−5	0	
2	−4	0,5	−10	0

Übung 4 Seite 41

a) negativ b) positiv c) positiv d) negativ

Übung 5 Seite 42

a) 6 b) −6 c) −6 d) 6
e) −1,7 f) 1,7 g) 1,7 h) −1,7

i) $\frac{7}{4}$ j) $-\frac{7}{4}$ k) $-\frac{7}{4}$ l) $\frac{7}{4}$

Übung 6 Seite 42

:	−7	3,5	$-\frac{1}{5}$	:	9	$\frac{2}{5}$	0,3
4	$-\frac{7}{4}$	0,875	$-\frac{1}{20}$	−12	$-\frac{3}{4}$	$-\frac{1}{30}$	$-\frac{1}{40}$
−1,5	$4\frac{2}{3}$	−2,$\overline{3}$	$\frac{2}{15}$	2,3	$3\frac{21}{23}$	$\frac{4}{23}$	$\frac{3}{23}$
0	nicht defi-niert	nicht defi-niert	nicht defi-niert	$-\frac{3}{4}$	−12	$-\frac{8}{15}$	$-\frac{2}{5}$

Übung 7 Seite 42

:	−640	−384	960	:	−396	0	−432
−8	80	48	−120	−24	16,5	0	18
40	−16	−9,6	24	−36	11	0	12
32	−20	−12	30	−22	18	0	19,$\overline{63}$

Übung 8 Seite 42

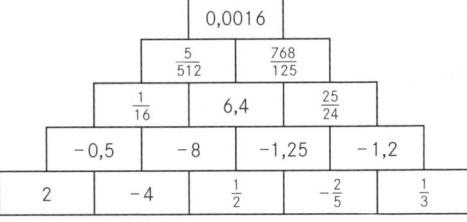

		0,0016		
	$\frac{5}{512}$		$\frac{768}{125}$	
	$\frac{1}{16}$	6,4	$\frac{25}{24}$	
−0,5	−8	−1,25	−1,2	
2	−4	$\frac{1}{2}$	$-\frac{2}{5}$	$\frac{1}{3}$

3.5. Rechenausdrücke mit rationalen Zahlen

Übung 1 Seite 44

a) 26 b) 2 c) $-\frac{5}{7}$

d) $-\frac{11}{15}$ e) -10 f) $1\frac{3}{5}$

Übung 2 Seite 44

a) 270 b) $-6,4$ c) -18 d) 1

e) 7,75 f) $1\frac{2}{3}$ g) $\frac{1}{4}$ h) $-\frac{1}{6}$

Übung 3 Seite 44

a) -260 b) -196 c) 2,7

d) $-7,8$ e) $-7\frac{1}{3}$ f) $-\frac{1}{8}$

Übung 4 Seite 44

a) 7 b) 1,2 c) 2

d) -14 e) $-1\frac{13}{16}$ f) $-\frac{10}{3}$

Übung 5 Seite 44

a) 11 b) $-82,5$

Test

Übung 1 Seite 45

a) $-2 < -1,5 < \frac{3}{5} < 0,7 < \frac{8}{6}$

b) $\left|\frac{3}{5}\right| < |0,7| < \left|\frac{8}{6}\right| < |-1,5| < |-2|$

Übung 2 Seite 45

75 Jahre

Übung 3 Seite 45

a) -15 b) $1\frac{5}{9}$ c) -17 d) 0 e) 6

Übung 4 Seite 45

a) -700 b) $-\frac{9}{10}$ c) $-3,2$ d) 6,5

Übung 5 Seite 45

a	b	c	$a \cdot b \cdot c$	$a - b - c$	$(a + b) : c$
+	+	–	–	+/–	–
+	–	–	+	+	+/–
–	–	–	–	+/–	+

4 Geometrie

4.1 Winkelbetrachtungen an Figuren

Übung 1 Seite 47

a) $\alpha_2 = 143°$; $\alpha_3 = 37°$; $\alpha_4 = 143°$
b) $\alpha_2 = 25°$; $\alpha_3 = 155°$; $\alpha_4 = 25°$
c) $\alpha_1 = 72°$; $\alpha_2 = 108°$; $\alpha_4 = 108°$
d) $\alpha_1 = 147°$; $\alpha_3 = 147°$; $\alpha_4 = 33°$
e) $\alpha_1 = 76°$; $\alpha_2 = 104°$; $\alpha_3 = 76°$

Übung 2 Seite 48

a) $\beta = 97°$; $\gamma = 57°$; $\delta = 26°$; $\eta = 57°$
b) $\alpha = 94°$; $\beta = 33°$; $\varepsilon = 33°$; $\eta = 53°$

Übung 3 Seite 49

a) $\alpha_1 = \alpha_3 = \beta_1 = \beta_3 = 73°$; $\alpha_2 = \alpha_4 = \beta_2 = \beta_4 = 107°$
b) $\alpha_1 = \alpha_3 = \beta_1 = \beta_3 = 70°$; $\alpha_2 = \alpha_4 = \beta_2 = \beta_4 = 110°$

Übung 4 Seite 49

a) ja ($\alpha + \beta = 180°$) b) nein c) ja
d) nein e) ja f) nein

Übung 5 Seite 50

	α	β	γ	α_1	β_1	γ_1
a)	113°	26°	41°	67°	154°	139°
b)	69°	69°	42°	111°	111°	138°
c)	28°	45°	107°	152°	135°	73°
d)	65°	55°	60°	115°	125°	120°

Übung 6 Seite 51

a) 86° b) 104°

Übung 7 Seite 51

5–Eck: 540°; 6–Eck: 720°; 28–Eck: 4680°

4.2 Kongruenz und Kongruenzsätze

Übung 1 Seite 53

a)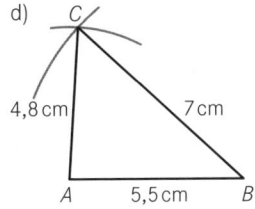

b)

c)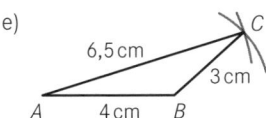

d)

e)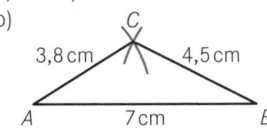

Übung 2 Seite 53
a) nein   b) ja

Übung 3 Seite 54
$A \cong E; B \cong G$

Übung 4 Seite 54
Das Haus ist 7 m hoch.

Übung 5 Seite 55
a) und d) sind nicht konstruierbar
b) und c) sind konstruierbar:

b)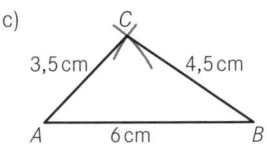

c)

Übung 6 Seite 57
a) ja   b) ja   c) nein   d) nein

Übung 7 Seite 57

Dreieck	Seite	Winkel	Winkel
ABC	$\overline{AB}$ = 5,7 cm	α = 55°	β = 40°
$A'B'C'$	$\overline{B'C'}$ = 5,7 cm	β' = 55°	γ' = 40°
$A''B''C''$	$\overline{A''B''}$ = 5,7 cm	α'' = 55°	γ'' = 85°

Übung 8 Seite 57

a)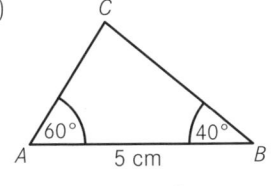

b)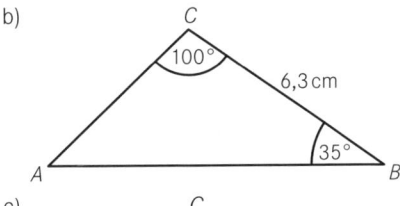

c)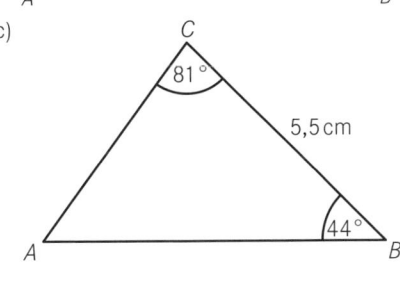

d)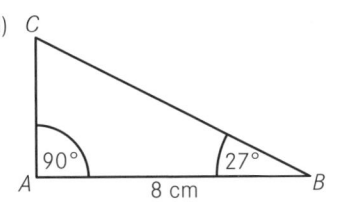

Übung 9 Seite 57
Der Turm ist 43,70 m hoch.

Übung 10 Seite 57

Man kann den Drachen ungefähr 45 m hoch steigen lassen.

Übung 11 Seite 59

a) nein   b) ja

Übung 12 Seite 59

Dreieck	Seite	Seite	Winkel
ABC	$\overline{AB}$ = 3,9 cm	$\overline{BC}$ = 4,3 cm	$\beta = 40°$
$A'B'C'$	$\overline{B'C'}$ = 3,9 cm	$\overline{A'C'}$ = 4,3 cm	$\gamma' = 40°$
$A''B''C''$	$\overline{A''B''}$ = 4,3 cm	$\overline{A''C''}$ = 3,9 cm	$\alpha'' = 40°$

Übung 13 Seite 59

a)
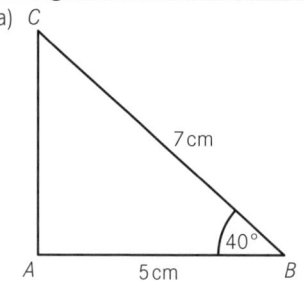

b)
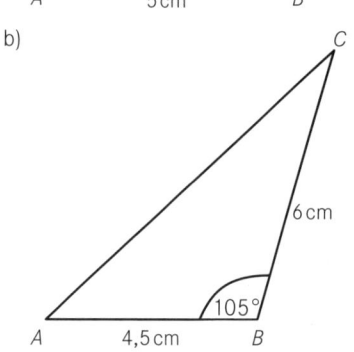

c)
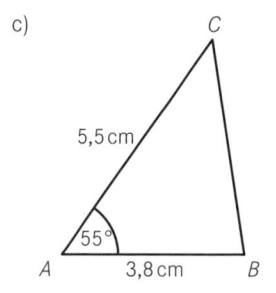

d)
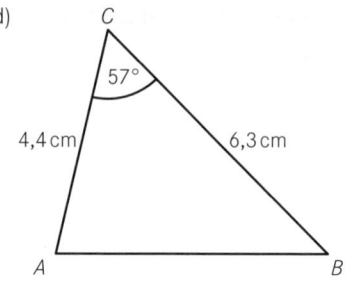

Übung 14 Seite 59

a)
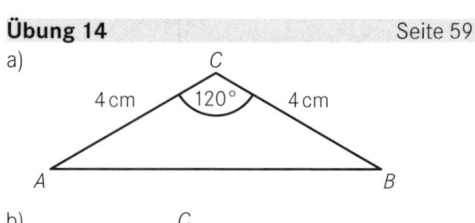

b)
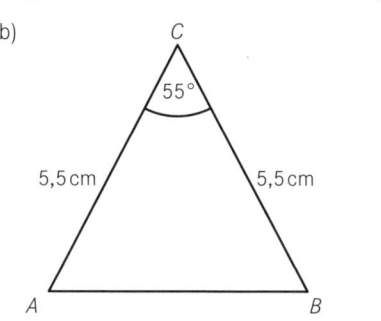

Übung 15 Seite 59

50,2°

Übung 16 Seite 61

a) nein   b) ja   c) ja

Übung 17 Seite 61

a)

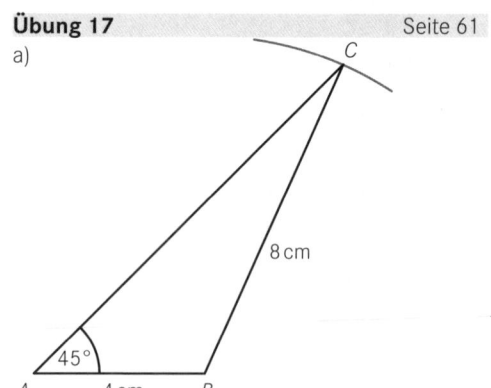

b)

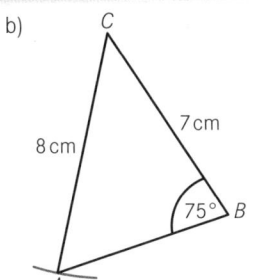

4.3 Konstruktion von Vierecken

Übung 1 Seite 63

a)

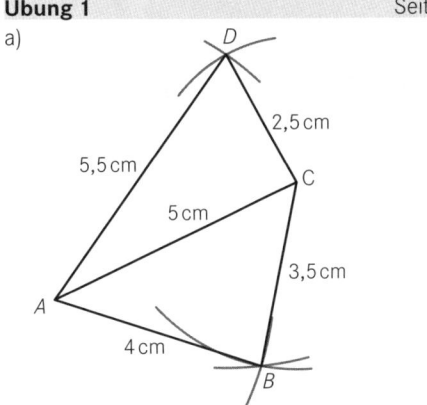

c)

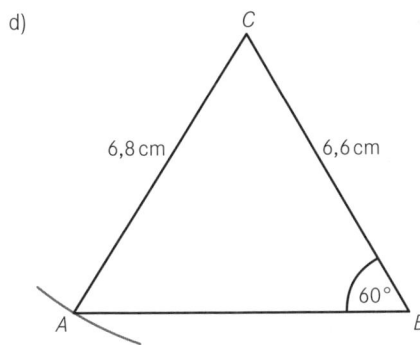

b)

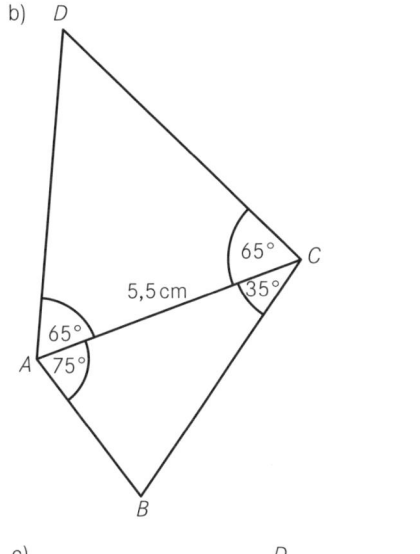

d)

c)

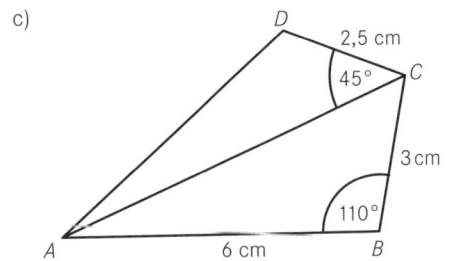

Übung 18 Seite 61
Der Tunnel ist etwa 10,2 km lang.

Übung 2 Seite 63

a)

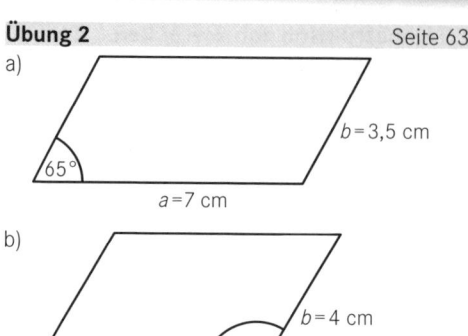

b=3,5 cm

65°

a=7 cm

b)

b=4 cm

120°

a=5,5 cm

Übung 3 Seite 63

a)

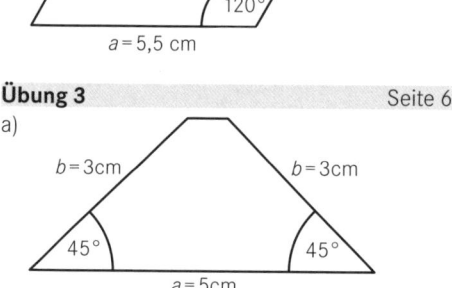

b=3cm · b=3cm

45° · 45°

a=5cm

b)

c=3cm

110° · 110°

b=4,5cm · b=4,5cm

Übung 4 Seite 64

Mögliche Kongruenzen und Begründungen
(Auswahl):

Quadrat: $ABM \cong DCM$; Begründung SWS

Rechteck: $ABM \cong DCM$; Begründung SWS

Parallelogramm: $ABC \cong ACD$; Begründung SSS

Raute: $ABC \cong ACD$; Begründung SSW

Drachen: $ABM \cong AMD$; Begründung SWS

4.4 Besondere Linien und Punkte am Dreieck

Übung 1 Seite 65

a)

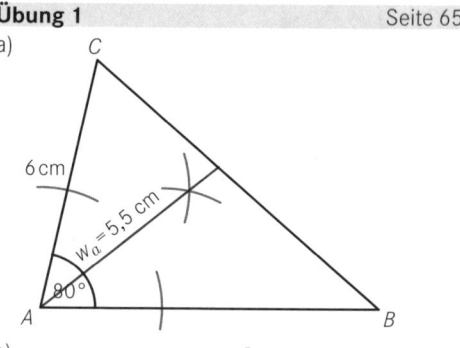

C

6 cm

$w_a = 5,5$ cm

80°

A · B

b)

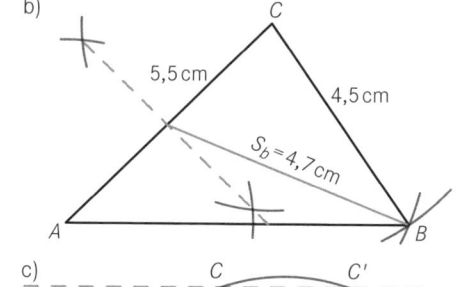

C

5,5 cm

4,5 cm

$s_b = 4,7$ cm

A · B

c)

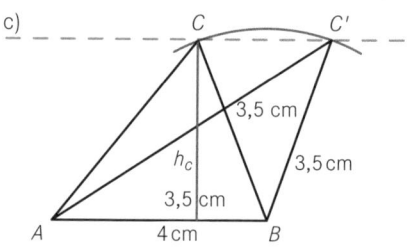

C · C′

3,5 cm

h_c · 3,5 cm

3,5 cm

A · 4 cm · B

d)

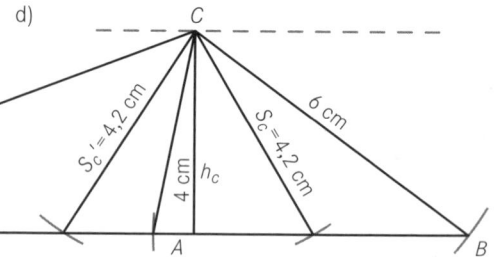

C

$s_c' = 4,2$ cm · 6 cm

4 cm · h_c · $s_c = 4,2$ cm

A′ · A · B

e)

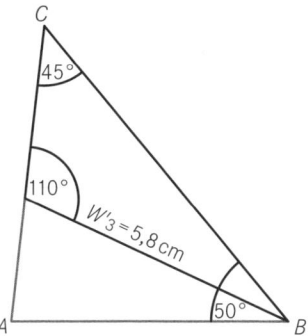

4.4.1 Umkreis – Konstruktion der Mittelsenkrechten

Übung 1 Seite 66

a)

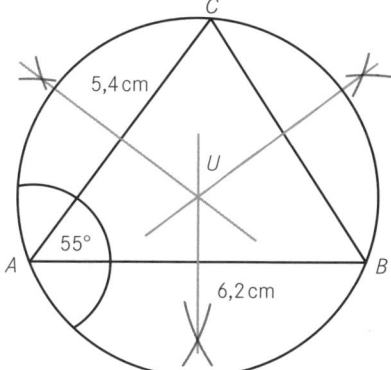

b)

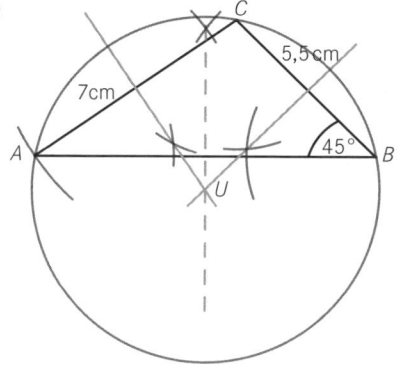

c)

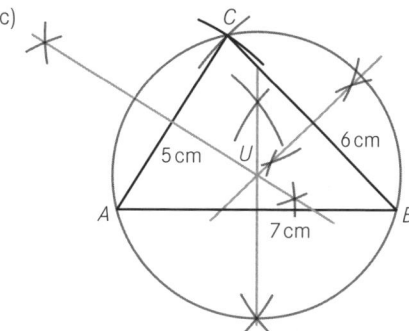

d)

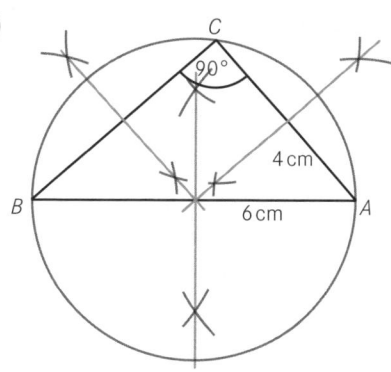

Übung 2 Seite 66

a)

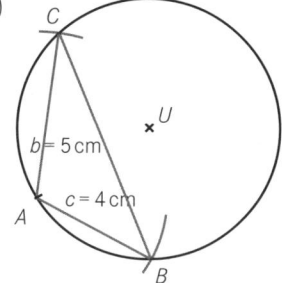

b)

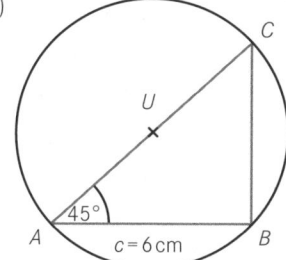

Übung 3 Seite 67
a) *U* liegt im Dreieck.
b) *U* liegt auf einer Dreiecksseite.
c) *U* liegt außerhalb des Dreiecks.

Übung 4 Seite 67
$U(2|3,8)$

Übung 5 Seite 67
4,8 km

4.4.2 Inkreis – Konstruktion der Winkelhalbierenden

Übung 1 Seite 68
a)

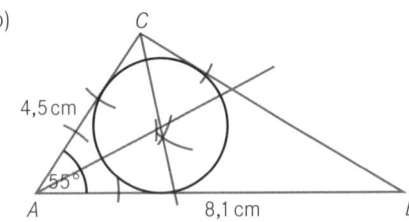

b)

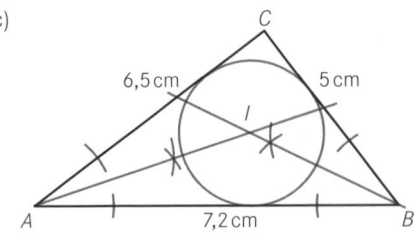

c)

d) C

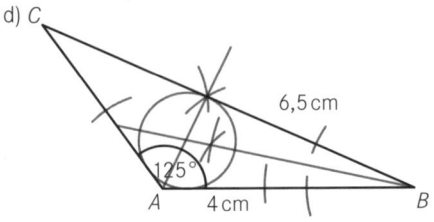

Übung 2 Seite 68
Gleichseitiges Dreieck

4.4.3 Schwerpunkt – Konstruktion der Seitenhalbierende

Übung 1 Seite 69
praktische Übung

Übung 2 Seite 69
Schwerpunkt $S(2,5|3,2)$

4.4.4 Höhen im Dreieck

Übung 1 Seite 70
In einem Eckpunkt

Übung 2 Seite 70
Die Höhen sind alle gleich lang.

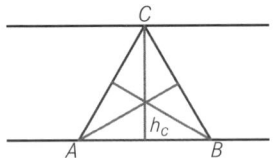

Test

Übung 1 Seite 71

Übung 2   Seite 71

a) SSS Konstruktion

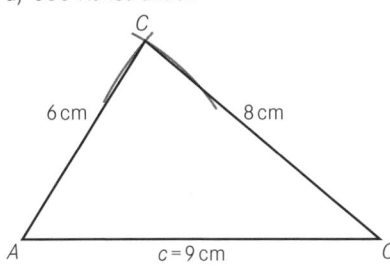

b) nicht eindeutig konstruierbar

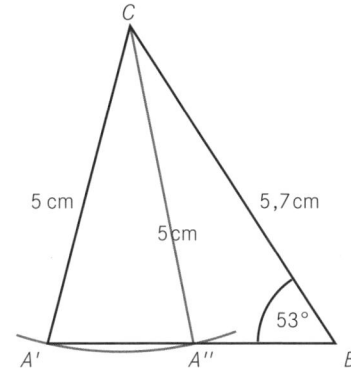

Übung 3   Seite 71

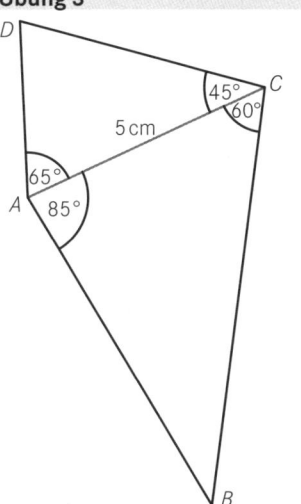

Übung 4   Seite 71

a) Es lassen sich beispielsweise unterschiedliche nicht kongruente gleichseitige Dreiecke zeichnen.

b) 11–Eck

c) I konstruierbar;   II nicht konstruierbar

Übung 5   Seite 71

a)

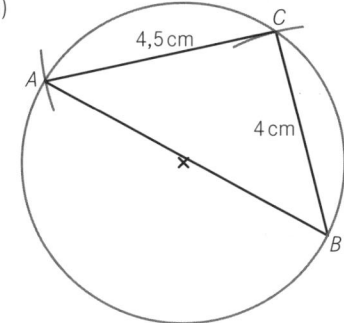

b)

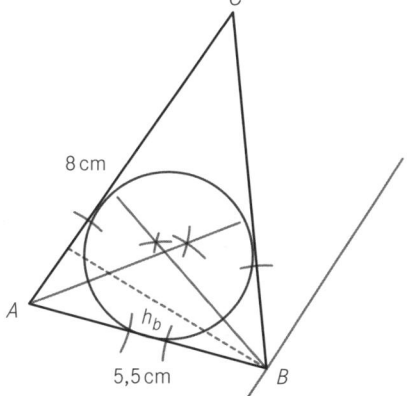

5.1. Kreis und Gerade

Übung 1 Seite 73

Ja

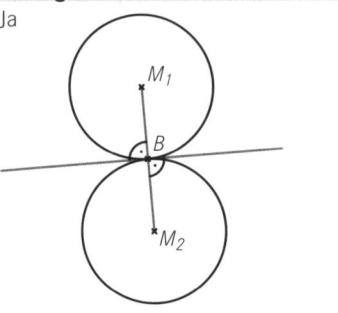

Übung 2 Seite 73

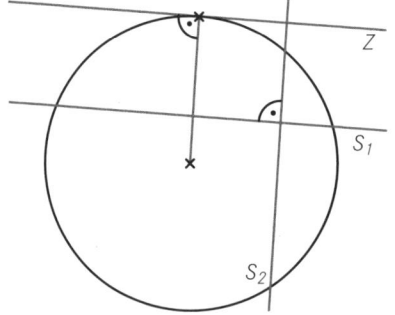

Übung 3 Seite 73

Mögliche Lösung siehe Konstruktion

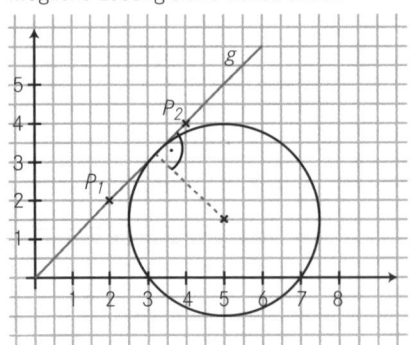

5.2. Thaleskreis

Übung 1 Seite 75

Alle Winkel bei γ betragen 90°.

a)

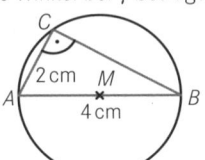

b)

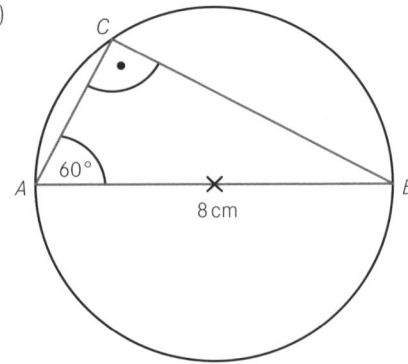

c)

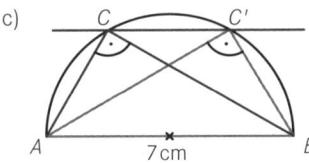

d)

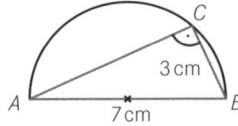

Übung 2 Seite 75

a) $\beta = 27°$; $\gamma_1 = 63°$; $\gamma_2 = 27°$
b) $\alpha = 67°$; $\gamma_1 = 67°$; $\gamma_2 = 23°$
c) $\alpha = 55°$; $\beta = 35°$; $\gamma_2 = 35°$
d) $\alpha = 43°$; $\beta = 47°$; $\gamma_1 = 43°$

5.3. Berechnungen am Kreis

Übung 1   Seite 76
a) 12,6 cm b) 23,6 cm c) 56,5 m   d) 20,1 dm
e) 7,1 mm (Werte gerundet)

Übung 2   Seite 76
$U_1 = 37,7$ cm; $U_2 = 12,6$ cm; $U_3 = 50,3$ cm

Übung 3   Seite 76
a) $\approx 2,07$ m   b) ≈ 830 m

Übung 4   Seite 77
Die Kreisfläche ist ungefähr dreimal so groß wie eines der Teilquadrate.

Übung 5   Seite 77
a) 50,27 cm^2 b) 176,71 cm^2 c) 2,54 m^2
d) 32,17 dm^2 e) 3,98 mm^2

Übung 6   Seite 77
$\approx 15\,393,8$ km^2

Übung 7   Seite 77
≈ 891 m^2

Übung 8   Seite 78
$\approx 75,4$ cm^2

Übung 9   Seite 79
a) 75,4 cm^2 b) 40,1 m^2
c) 218,1 cm^2 (Werte gerundet)

Übung 10   Seite 79
$\approx 417,8$ mm^2

Übung 11   Seite 80

r	4 cm	12 cm	22 mm	1 km	5,4 m
α	60°	150°	210°	36°	180°
b_α	4,2 cm	31,4 cm	80,6 mm	0,628 km	17,0 m
A_α	8,38 cm^2	188,5 cm^2	887 mm^2	0,314 km^2	45,8 m^2

Übung 12   Seite 80
a) $\approx 9,4$ cm^2 b) $\approx 22,6$ cm^2
c) $\approx 3,1$ cm bzw. $\approx 7,5$ cm

Test

Übung 1   Seite 81
praktische Übung

Übung 2   Seite 81
a) $\beta = 57° = \gamma_2$; $\gamma_1 = 33°$
b) $\gamma_2 = 53°$; $\alpha = \gamma_1 = 37°$
c) $\alpha = 25°$; $\gamma_2 = \beta = 65°$

Übung 3   Seite 81
a) 1,15 m^2 b) 0,54 m^2

Übung 4   Seite 81
111,6 cm^2

Übung 5   Seite 81
a) $b_\alpha = 8,4$ cm; $A_\alpha = 33,5$ cm^2
b) $b_\alpha = 15,7$ m; $A_\alpha = 35,3$ m^2

6.1. Darstellung von Statistiken

Übung 1   Seite 84
a) Fahrrad: 40 %; zu Fuß: 30 %; öffentliche
    Verkehrsmittel: 20 %; Auto: 10 %
b) Säulendiagramm einfügen
c) Kreisdiagramm einfügen

Übung 2   Seite 84

a)

	Spanisch	Französisch	Latein
Jungen	22,5 %	20 %	10 %
Mädchen	27,5 %	13,$\overline{3}$ %	6,$\overline{6}$ %

b) Jungen: Spanisch 42,9 %; Französisch 38,1 %;
    Latein 19 %;
    Mädchen: Spanisch 57,9 %; Französisch 28,1 %;
    Latein 14 %

Übung 3   Seite 84
30 Schüler und Schülerinnen

6.2. Auswertung von Statistiken

Übung 1   Seite 86
a) Zentralwert: 20;
b) Modalwert: 20;
c) Minimum: 10;
d) Maximum: 35;
e) Spannbreite: 25;
f) arithmetisches Mittel: 20,36
Klasse 7a braucht im Durchschnitt weniger Zeit
als die Klasse 7b. Die Spannbreite ist größer,
jedoch sind Zentralwert und Modalwert gleich.

Übung 2   Seite 86
Zentralwert: 8 l; arithmetisches Mittel: 8 l

Übung 3   Seite 86
a) 11 bzw. 36 PKWs; Spannbreite: 25 PKWs
b) Im letzten Jahr wurden mehr Autos verkauft;
    arithmetisches Mittel: 19,$\overline{3}$ PKWs.

6.3. Skalen

Übung 1   Seite 88
Noten Noten sind Zahlen, mit denen sich rechnen
lässt (anders wäre es mit „sehr gut", „gut", ...).
Notendurchschnitt: 3

Übung 2   Seite 88
Bei zwei Ausprägungen würde der Zentralwert in
der Mitte zwischen beiden Ausprägungen, also
zwischen männlich und weiblich, liegen.

Übung 3   Seite 88
a) Knapp 47 % der Gäste kommen aus einem
    EU–Land (ohne Deutschland). Daher ist es
    schwierig von einem „typischen Gast" zu
    sprechen.
b) Nominalskala

6.4. Zufallsversuche und Wahrscheinlichkeit

Übung 1   Seite 90
$\frac{5}{12}$

Übung 2   Seite 90
a) $\frac{8}{32}$ b) $\frac{4}{32}$ c) $\frac{12}{32}$ d) $\frac{15}{32}$

Übung 3   Seite 91
a) $\frac{5}{12}$ b) $\frac{4}{12}$ c) $\frac{3}{12}$ d) $\frac{8}{12}$

Übung 4   Seite 91
A: $\frac{1}{2}$ B: $\frac{4}{25}$ C: $\frac{9}{100}$ D: $\frac{1}{5}$ E: $\frac{33}{100}$ F: $\frac{67}{100}$

6.5. Baumdiagramme und Pfadregeln

Übung 1 — Seite 92

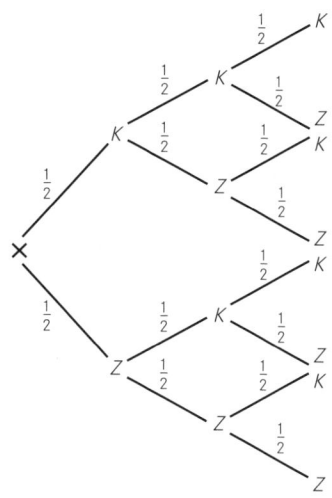

Übung 2 — Seite 92

a)

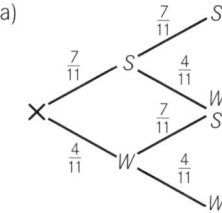

b)

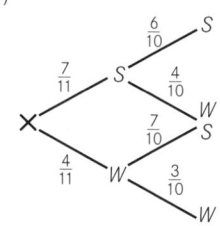

Übung 3 — Seite 93

a) $\frac{45}{252} = \frac{5}{28}$ b) $\frac{135}{252} = \frac{15}{28}$

Übung 4 — Seite 93

a) $\frac{1}{64}$ b) $\frac{5}{32}$ c) $\frac{3}{4}$ d) $\frac{3}{16}$

Übung 5 — Seite 94

a) $\frac{8}{36} = \frac{2}{9}$ b) $\frac{4}{36} = \frac{1}{9}$

Übung 6 — Seite 94

0 Treffer: 24 %;
1 Treffer: 52 %;
2 Treffer: 24 %

Übung 7 — Seite 94

a) $\frac{5}{24}$ b) $\frac{3}{11}$

6.6. Geschicktes Abzählen und Rechnen

Übung 1 — Seite 96

a) $\frac{1}{9}$ b) $\frac{1}{27}$

Übung 2 — Seite 96

$\frac{5}{6}$

Übung 3 — Seite 96

a) $\frac{144}{2401}$ b) $\frac{864}{2401}$

Übung 4 — Seite 96

a) $\frac{61}{216}$ b) $\frac{5}{36}$ c) $\frac{125}{216}$

Test

Übung 1 — Seite 97

Zentralwert: 3; Durchschnitt: 3,87;
sinnvolle Verpackungsgröße: 3er-Packung

Übung 2 — Seite 97

Nein, der Zentralwert würde nicht die gesamte
Leistungsbreite angemessen berücksichtigen.

Übung 3 — Seite 97

Mit Zurücklegen:

a) $\frac{49}{576}$ b) $\frac{27}{64}$ c) $\frac{49}{288}$ d) $\frac{7}{144}$ e) $1 - \frac{125}{1728} = \frac{1603}{1728}$

Ohne Zurücklegen:

a) $\frac{21}{220}$ b) $\frac{27}{55}$ c) $\frac{21}{110}$ d) $\frac{7}{220}$ e) $1 - \frac{1}{22} = \frac{21}{22}$

Übung 4 — Seite 97

2,4 %

7.1. Term und Zahl

Übung 1 · Seite 99

a)

x	$2x-4$	$2(x-4)$	$2x-8$
5	6	2	2
4	4	0	0
-4	-12	-16	-16

b)

y	$\frac{1}{2}y+2$	y^2-4	$-2(4-0,3y)$
5	4,5	21	-5
$-0,4$	1,8	$-3,84$	$-8,24$
$\frac{3}{5}$	$2\frac{3}{10}$	$-3,64$	$-7,64$

Übung 2 · Seite 99
a) $x+5$ b) $2x-2$
c) $(x-3)\cdot 5$ d) $(x+2)\cdot(x+2)$
e) $\frac{3}{4}x-4x$ f) $x^2-\frac{1}{4}x$
g) $x(x-1)$ h) $(x-2)^2$

Übung 3 · Seite 99
a) $\frac{t}{3}$ b) $\left(\frac{v}{10}\right)^2$; 9 m

Übung 4 · Seite 100

a)

x	y	$2x-y$	$3(x+y)$
5	2	8	21
4	$-0,5$	8,5	10,5
-4	$-2,5$	$-5,5$	$-19,5$

b)

x	y	x^2-y	$-2(x-y)$
5	3	22	-4
$-0,4$	2	$-1,84$	4,8
$\frac{3}{5}$	-1	$1\frac{9}{25}$	$3\frac{1}{5}$

Übung 5 · Seite 100
a) Addiere $\frac{3}{5}$ zum Vierfachen einer Zahl.
b) Subtrahiere 3 vom Fünffachen einer Zahl, multipliziere danach das Ergebnis mit 2.

c) Multipliziere eine um 1 größere Zahl mit der um 1 kleineren Zahl.

Übung 6 · Seite 100
$2ab+2ac+2bc$; $159\,\text{cm}^2$

7.2. Umformen von Termen

Übung 1 · Seite 101
a) $-3x+9y$ b) $6b$ c) $3,7y-4,5z$
d) $0,1a+0,1b+0,1c$ e) $7x^2+4$
f) $25x+18x^2$ g) $1\frac{1}{2}x+1\frac{1}{4}$ h) $\frac{7}{12}a-\frac{1}{6}b$

Übung 2 · Seite 101
a) x^4 b) x^2y^2 c) $48x^2$ d) $3x^4$
e) $-0,4u$ f) $6a^2b^2$ g) $\frac{1}{2}x^3y$ h) $-\frac{1}{12}xz^2$

Übung 3 · Seite 101
a) $3a+3b$ b) $7,5-2,5r$ c) $1,5-0,1x$
d) $2ab+3ac$ e) $\frac{1}{2}x-\frac{1}{4}y$ f) $6y+7z$
g) $-0,15x^3+0,075x$ h) $1,4rs+2,8rt-0,35rv$

Übung 4 · Seite 101
a) $4-x$
b) $14x+14$
c) $2a-10b+1$
d) $3x^2+11x$
e) $-1,7a^2+ab-6a+0,8b$
f) 0
g) $-1,5a^2b+\frac{1}{2}ab^2+5,25a^2b^2$
h) $5,5z-1$

7.3. Lösen von linearen Gleichungen
7.3.1. Lösen von einfachen Gleichungen

Übung 1 · Seite 104
a) $L=\{3\}$ b) $L=\{5\}$ c) $L=\{1\}$
d) $L=\{3\}$ e) $L=\{7\}$ f) $L=\{-2\}$

Übung 2 · Seite 104
a) $L=\{2\}$ b) $L=\{-6\}$ c) $L=\{-6\}$
d) $L=\left\{4\frac{4}{5}\right\}$ e) $L=\{-10\}$ f) $L=\{-8\}$

Übung 3   Seite 104

a) $L = \{-2\}$ b) $L = \left\{\frac{1}{8}\right\}$ c) $L = \{0\}$

d) $L = \left\{\frac{3}{7}\right\}$ e) $L = \left\{1\frac{1}{3}\right\}$ f) $L = \left\{1\frac{5}{8}\right\}$

Übung 4   Seite 104

a) $L = \{2\}$ b) $L = \{-15\}$ c) $L = \left\{64\frac{10}{11}\right\}$

d) $L = \left\{-\frac{15}{16}\right\}$ e) $L = \left\{16\frac{2}{3}\right\}$ f) $L = \{-1,5\}$

**7.3.2. Lösen von Gleichungen
mit Klammerausdrücken**

Übung 1   Seite 105

a) $L = \{1\}$ b) $L = \{5\}$ c) $L = \{15\}$

d) $L = \{3\}$ e) $L = \left\{1\frac{2}{5}\right\}$ f) $L = \left\{\frac{4}{7}\right\}$

Übung 2   Seite 105

a) $L = \{5\}$ b) $L = \{0\}$ c) $L = \left\{3\frac{1}{4}\right\}$

d) $L = \left\{\frac{3}{4}\right\}$ e) $L = \left\{-6\frac{3}{4}\right\}$ f) $L = \left\{\frac{4}{3}\right\}$

Übung 3   Seite 105

a) $L = \{2\}$ b) $L = \{1\}$ c) $L = \left\{2\frac{1}{3}\right\}$ d) $L = \left\{\frac{4}{13}\right\}$

Übung 4   Seite 105

a) $L = \{-1\}$ b) $L = \{2,1\}$ c) $L = \left\{1\frac{1}{2}\right\}$ d) $L = \{0\}$

**7.3.3. Anzahl der Lösungen von
linearen Gleichungen**

Übung 1   Seite 106

a) $L = \mathbb{Q}$ b) $L = \{\ \}$

c) $L = \left\{-2\frac{1}{3}\right\}$ d) $L = \{0\}$

Übung 2   Seite 107

a) $L = \mathbb{Q}$ b) $L = \{\ \}$

c) $L = \left\{4\frac{26}{27}\right\}$ d) $L = \{-6\}$

7.3.4 Anwendungsaufgaben

Übung 1   Seite 108

37 Dosen

Übung 2   Seite 108

50 Minuten

Übung 3   Seite 108

a) 21 bzw. 22   b) 32 bzw. 48

Übung 4   Seite 108

Figur 1: $x = 4\,\text{cm}$
Figur 2: $x = 1\,\text{cm}$
Figur 3: $x = 3\,\text{cm}$

Test

Übung 1   Seite 109

a) $L = \{4\}$ b) $L = \left\{\frac{2}{3}\right\}$ c) $L = \{2\}$ d) $L = \{1\}$

Übung 2   Seite 109

$g = \frac{2A}{h}$; $g = 1,5\,\text{cm}$

Übung 3   Seite 109

60 Tage; Angebot B

Übung 4   Seite 109

167 bzw. 168

Übung 5   Seite 109

a) $L = \{\ \}$ b) $L = \mathbb{Q}$ b) $L = \left\{\frac{5}{4}\right\}$

© Duden

Bibliographisches Institut GmbH, Mecklenburgisches Straße 53, 14197 Berlin
ISBN 978-3-411-87031-8